Norbert Franck

Presse- und Öffentlichkeitsarbeit

Ein Ratgeber für Vereine,
Verbände und Initiativen

Bund-Verlag

Die Deutsche Bibliothek – CIP-Einheitsaufnahme

Franck, Norbert:
Presse- und Öffentlichkeitsarbeit : ein Ratgeber für Vereine,
Verbände und Initiativen / Norbert Franck. – Köln : Bund-
Verl., 1996
ISBN 3-7663-2633-3

© 1996 by Bund-Verlag GmbH, Köln
Satz: Typomedia Satztechnik GmbH, Ostfildern
Druck: freiburger grafische betriebe, Freiburg
Printed in Germany 1996
ISBN 3-7663-2633-3

Inhalt

Nichts ist unmöglich,
und es wird nur mit Wasser gekocht

Einleitung

Organisationen, Vereine, Verbände und Initiativen[1] reden immer von ihr. In Konzeptionen und Rechenschaftsberichten wird ihre Notwendigkeit betont, auf Tagungen und in Grundsatzpapieren gefordert, sie auszubauen und zu systematisieren: die Presse- und Öffentlichkeitsarbeit. Kein Vereinsgeschäftsführer hält es mehr mit Adalbert Stifter: »Was wächst, macht keinen Lärm.« Die Maxime der Werbeprofis »tue Gutes und sprich darüber« kennt jede Vereinsvorsitzende.

Doch, wie so oft im Leben, zwischen (Festtags- oder Jahreshauptversammlungs-)Reden und Tun klafft eine Lücke: Sozial engagierte Organisationen übernehmen zwar viele gesellschaftlich notwendige Aufgaben. Aber sie kommunizieren zu wenig mit der Gesellschaft über ihre Arbeit. Öffentlichkeitsarbeit beschränkt sich in vielen Organisationen noch immer auf einen »Tag der offenen Tür« oder gelegentlich eine Pressemitteilung. Häufig steht Öffentlichkeitsarbeit erst dann auf dem Arbeitsplan, wenn alles »Wichtige« erledigt wurde. Über Presse- und Öffentlichkeitsarbeit wird erst dann nachgedacht, wenn die »eigentliche« Arbeit getan ist. Und das heißt: In der Regel bleibt nur noch wenig Kraft und Zeit übrig, andere über diese Arbeit zu informieren.

---

1 Ich verwende abwechselnd die Begriffe Verein, Verband, Organisation oder Initiative für Arbeitszusammenhänge von Menschen, die sich beruflich oder privat, hauptamtlich oder ehrenamtlich für soziale, kulturelle oder politische Ziele engagieren, für gemeinnützige Gruppen und Organisationen, die – wie es neudeutsch heißt – im Non-Profit-Bereich tätig sind.

7

So gelangt die Arbeit vieler Organisationen – entgegen der erklärten Absicht der meisten Akteure – nicht an das Licht der Öffentlichkeit, sondern vollzieht sich als »Karitas im Stillen«. Das liegt nicht an mangelnder Einsicht in die Notwendigkeit von Öffentlichkeitsarbeit. Die meisten Organisationen, Verbände und Vereine haben ihre veränderten Rahmenbedingungen längst registriert:

- In Zeiten leerer öffentlicher Kassen geht die staatliche Unterstützung und Förderung für sozial und kulturell engagierte Initiativen und Organisationen zurück. Neue Einnahmequellen müssen erschlossen, Sponsoren gewonnen, Mitglieder und Spenden geworben werden. Das kann nur gelingen, wenn einer breiten Öffentlichkeit die Leistungen und Vorzüge eines Vereins oder Verbands bekannt gemacht werden.
- Vor allem im Bereich der Pflege und Betreuung müssen sich seit einigen Jahren Vereine und Verbände der freien Wohlfahrt der Konkurrenz privater Anbieter stellen. Um Patientinnen und Patienten, für das eigene Pflege- und Betreuungsangebot muß geworben werden.
- Auch auf dem Spenden-»Markt« stellt sich Erfolg nicht von alleine ein. Zwar sind die Deutschen sehr spendenfreudig, aber das Spendenvolumen ist nicht beliebig zu vergrößern. Und die Zahl der Organisationen, die um Spenden werben, wächst. Der Wettbewerb um Spenden wird härter.

Organisationen sind also zunehmend auch aus wirtschaftlichen Gründen auf Öffentlichkeitsarbeit angewiesen. Es genügt nicht, wenn wenige Insider über gute Arbeit und notwendigen Gemeinsinn engagierter Gruppen informiert sind. »Erst wenn eine breite Öffentlichkeit die Motive und die alltägliche Praxis sozialer Arbeit unterstützt, wächst Stabilität und kann sich Innovation entfalten.«[2]

---

2 Thomas Leif, Ulrich Galle (Hrsg.): Social Sponsoring und Social Marketing. Köln 1993, S. 12f.

Puristinnen und Puristen sind daher selten geworden. Nur noch gelegentlich ist zu hören,
* die »richtigen« Ziele überzeugen aus sich heraus,
* wer sich sozial (kulturell, politisch) engagieren will, wird schon zu uns kommen,
* wenn die Presse was von uns will, soll sie doch anrufen,
* »Werbung« ist Verdummung, »Werbung« lehnen wir ab,
* wer sich nicht für bessere Verhältnisse engagiert, ist selbst schuld.

Was einmal soziologisches Fachwissen war, ist inzwischen Alltagswissen geworden: Öffentlichkeit gibt es nicht mehr einfach, sie wird hergestellt. Und wer die Öffentlichkeit erreichen will, muß Öffentlichkeitsarbeit machen. Die Leiterin eines Kulturprojekts und der Geschäftsführer eines Aids-Hilfe-Vereins wissen: Das sinnvollste Engagement nutzt wenig, wenn nur wenige etwas darüber erfahren.

Deshalb ist ihnen die Maxime *tue Gutes und sprich darüber* nicht mehr fremd – denn *Klappern gehört zum* sozialen *Handwerk*. Sie wissen: Öffentlichkeitsarbeit für eine gute Sache bedeutet nicht, sich auf das Niveau von Waschmittelwerbung zu begeben. Das Bemühen um gute Öffentlichkeitsarbeit heißt vielmehr, praktisch mit der Tatsache umzugehen, daß Erfolg von öffentlicher Resonanz abhängig ist.

Konkret: Der Verein XYZ, eine Arbeitsgemeinschaft freier Gruppen, die sich für die Errichtung eines Museums für Erziehungsgeschichte engagieren, hat ein bahnbrechendes Konzept für die Organisation und Gestaltung eines solchen Museums entwickelt. Beschränkt sich der Verein darauf, dieses Konzept auf einer Mitgliederversammlung zu beschließen, dann mögen sich die Vereinsmitglieder zwar sehr wohl fühlen, weil sie so ein tolles Konzept entwickelt haben. Aber wenn niemand davon erfährt, haben wir es faktisch mit einem Nicht-Ereignis zu tun – also mit einem folgenlosen Beschluß.

Guter Wille und fehlendes Handwerkszeug

Da viele diese schlechte Erfahrung schon gemacht haben, ist die Einsicht gewachsen, daß Öffentlichkeitsarbeit kein notwendiges Übel, sondern zentraler Bestandteil jeder Verbandsarbeit ist.

Doch zwischen Einsicht und Praxis liegt ein gutes Stück Weg. Um diesen Weg gehen zu können, fehlt vor allem eine Voraussetzung: ein Kompaß. Zur Einsicht in die Notwendigkeit von Öffentlichkeitsarbeit gesellt sich nicht automatisch das Knowhow für diese Arbeit. Für viele, denen diese Aufgabe übertragen wird, beginnt ein Prozeß von Versuch und Irrtum – mit enttäuschenden Ergebnissen.

Ein Beispiel aus der Arbeit eines Vereins aus Norddeutschland, Mitglied im Paritätischen Wohlfahrtsverband (die Namen habe ich verändert).

Am 10. Juni 1994 ging folgende Einladung des »Netzwerk Ostend« an die Presse:

»Sehr geehrte Damen und Herren,
verschiedene Organisationen und Träger der Altenarbeit/ Altenhilfe arbeiten seit ca. zwei Jahren im Bezirk Ostend im Netzwerk Ostend zusammen. Ein Ergebnis unserer Arbeit ist ein Zielkatalog, den wir im Rahmen einer unserer nächsten Netzwerk-Sitzungen gern vorstellen und mit Ihnen diskutieren möchten. Inhalt unseres Katalogs sind Notwendigkeiten für den stationären und ambulanten Pflegebereich, deren Einlösung einen entscheidenden Beitrag zur Verbesserung der Situation älterer Menschen im Ostend bedeuten könnte.
Als Termin schlagen wir Ihnen den 23. Juni 1994, um 15.00 Uhr im Bert-Schuster-Heim, Kölnstraße 8, vor. Bitte teilen Sie uns unter der Rufnummer 123456-0, Frau Ferse, mit, ob dieser Zeitpunkt für Sie in Frage kommt.

Zur Vorstellung unseres Zielkatalogs werden wir auch Herrn Dehm, Dezernent für Jugend und Soziales, und die Fraktionen der im Bezirk vertretenen Parteien einladen.

Mit freundlichem Gruß
Eva Ferse
(Sprecherin)«

Diese Einladung an die Presse weckt kein Interesse. Informationen über die *Einlösung* von *Notwendigkeiten,* die einen *Beitrag zur Verbesserung* bedeuten *könnte,* versprechen weder harte Fakten noch interessante Neuigkeiten. Und Journalistinnen und Journalisten erwarten in erster Linie Informationen und wollen nicht *im Rahmen einer Sitzung* Konzepte der Altenhilfe *diskutieren.*
So ist es nicht verwunderlich, daß kein Pressevertreter am 23. Juni ins Bert-Schuster-Heim kam. Die Mitglieder des »Netzwerk Ostend« gaben nicht auf und schickten am 24. Juni folgende Mitteilung an die Presse heraus:

»Die Versorgung alter und kranker Menschen ist gefährdet
Netzwerk Ostend: ein konstruktives Lösungsmodell

Das Netzwerk Ostend ist eine Arbeitsgemeinschaft verschiedenster Einrichtungen der Altenarbeit. Die mitarbeitenden RepräsentantInnen der unterschiedlichsten Institutionen stellten ihre Vorschläge zur Verbesserung der Situation alter Menschen den zuständigen BezirkspolitikerInnen und Bundestagsabgeordneten vor.
Es wurden u. a. angesprochen:
• Einrichtung eines pflegerischen Notdienstes;
• Schaffung von Transparenz über das vorhandene Angebot, z. B. in Form eines Stadtteilführers;
• Unterstützung von pflegenden Angehörigen durch Schulung und Beratung.

> Der Sozialdezernent Herr Dehm, der Bundestagsabgeordnete
> Herr Pfeifer sowie die VertreterInnen der Bezirksfraktionen
> zeigten sich beeindruckt von der kooperativen Zusammen-
> arbeit und wollen das Netzwerk auch in Zukunft unterstüt-
> zen.«

Auch das war vergebliche Mühe. Die Lokalpresse brachte nicht
die kleinste Notiz. Das ist verständlich: Warum sollte eine
Zeitung ihre Leserinnen und Leser mit dieser Mitteilung langweilen, die wie eine verunglückte amtliche Verlautbarung
klingt, aber keinen Nachrichtenwert hat? Eine Pressemitteilung, die so bürokratisch im Stil und so unpräzise in der
Aussage ist, landet im Papierkorb der Redaktion.

Was Sie erwarten können:
Ziel, Inhalt und Aufbau des Buches

Wie muß eine Einladung an die Presse, wie muß eine Pressemitteilung formuliert werden, damit sie von Redakteuren beachtet wird? Allgemeiner: Was gehört zum Handwerkszeug
der Öffentlichkeitsarbeit? Welches Know-how ist notwendig,
um
• den Bekanntheitsgrad einer Einrichtung zu erhöhen?
• die Bedeutung und den Nutzen der Verbandsarbeit heraus-
  zustellen?
• ein positives Image zu bilden und zu festigen?
• Vertrauen aufzubauen und zu sichern?
• von den Anliegen und Zielen einer Initiative zu überzeugen?

In vier Kapiteln will ich auf diese Fragen antworten. Den
größten Raum nehmen die Kapitel über das Schreiben in der
Öffentlichkeitsarbeit und den Umgang mit der Presse ein. Natürlich ist jedes persönliche Gespräch eine Form der Öffentlichkeitsarbeit. Eine breitere Öffentlichkeit ist jedoch nur über

Medien zu erreichen – über Zeitungen, Rundfunk, Fernsehen und über eigene Medien.
Ich zeige, wie man verständliche und interessante
- Selbstdarstellungen und Faltblätter,
- Artikel und Leserbriefe,
- Briefe und Einladungen,
- Pressemitteilungen

schreibt.

Man muß nicht Germanistik studiert oder eine Ausbildung als Journalist haben, um informative und anschauliche Texte schreiben zu können. Man muß etwas wissen über den richtigen Umgang mit dem einzelnen Wort, über einen vernünftigen Satzbau und einen sinnvollen Textaufbau. Was dafür notwendig ist, habe ich zusammengetragen: keine Plaudereien aus dem Nähkästchen eines Profis und keine Stilübungen eines Deutschlehrers, sondern praxisorientiertes »Schreibwerkzeug«, das mit einiger Übung zu guten Texten verhilft.

Im dritten Kapitel geht es um Pressearbeit. Wer von Journalistinnen und Journalisten etwas will – zum Beispiel einen Bericht über die eigene Arbeit in der Zeitung oder im Rundfunk –, sollte ihre Arbeitsbedingungen und Arbeitsweisen kennen, um sich darauf einstellen zu können. Was bei einer Pressemitteilung oder Pressekonferenz zu beachten ist, wie ein Interview vorbereitet und gemeistert werden kann, wann eine Gegendarstellung zweckmäßig ist und wie sie formuliert werden muß – dies sind die Themen im dritten Kapitel. Für Pressemitteilungen, Pressekonferenzen und Interviews habe ich Checklisten als Arbeitshilfen für die Praxis entwickelt.

Das letzte Kapitel hat lexikalischen Charakter: Ich gebe einen Überblick über Mittel und Medien der Öffentlichkeitsarbeit. Damit soll zum einen das breite Spektrum der Möglichkeiten für Öffentlichkeitsarbeit gezeigt werden. Zum anderen will ich

Hilfen zur Entscheidung darüber geben, welches Mittel für welchen Zweck am sinnvollsten ist.

Ich beginne mit Hinweisen und Anregungen zu drei zentralen Fragen:

1. Wer sind die Adressaten von Presse- und Öffentlichkeitsarbeit? *Die* Öffentlichkeit gibt es nicht. Deshalb ist es wichtig, eindeutig Zielgruppen zu bestimmen und zu entscheiden, wer warum und wie angesprochen werden soll.

2. Welche Voraussetzungen müssen geschaffen werden, um ein klares Bild in der Öffentlichkeit abzugeben? Wenn eine Organisation Reputation, Profil und Vertrauen aufbauen will, nützt es nichts, viel Energie in die Entwicklung eines Logos oder die Gestaltung von Broschüren zu investieren, wenn sonst alles beim alten bleibt. Die interessierte Öffentlichkeit merkt rasch, wenn ein neues Design nur Schein ist. Deshalb muß geklärt werden, was zu einem überzeugenden (neuen) »Auftritt« gehört.

3. Was sind Anlässe für Presse- und Öffentlichkeitsarbeit? Die meisten Organisationen können klar die Ziele und Zwecke ihrer Öffentlichkeitsarbeit benennen. Doch es fehlt häufig an Phantasie, Anlässe zu finden, um diese Ziele und Zwecke an die Öffentlichkeit zu bringen.

Woran orientieren sich die Informationen, Hinweise und Anregungen zu diesen Themen? Ich leite seit 1987 Seminare für Mitarbeiterinnen und Mitarbeiter in Organisationen, Verbänden, Vereinen und Initiativen, die sich ehrenamtlich oder im Rahmen ihrer Arbeit mit begrenzter Stundenzahl um Presse- und Öffentlichkeitsarbeit kümmern. An diesen Arbeitsvoraussetzungen und -bedingungen von Nichtprofis orientiere ich mich. So hat Kapitel 2 nicht den Anspruch, zum Texter auszubilden, und die Lektüre von Kapitel 3 befähigt noch nicht zur

Pressesprecherin. Wer nur fünf oder zehn Stunden in der Woche Zeit für Presse- und Öffentlichkeitsarbeit hat, kann an die eigene Arbeit nicht den Maßstab von Profis anlegen. Hinweise auf die letzten Feinheiten des Metiers helfen daher wenig. Sie schüchtern eher ein. Dieses Buch soll Mut machen.

Ich zeige, daß auch bei wenig Zeit und knappen Ressourcen Presse- und Öffentlichkeitsarbeit machbar ist – und dieses Machen gelernt werden kann. Ich gebe Hinweise auf das Machbare. Ich verzichte auf die Darstellung, was alles möglich, aber nur mit viel Geld zu realisieren ist. Ein Frauenhaus oder das zitierte »Netzwerk Ostend« können keinen Video-Clip finanzieren, um für ihre Arbeit zu werben. Sollte der Dachverband dieser Einrichtungen dafür Geld haben, wird er Profis damit beauftragen. Oder: Den genialen Werbeslogan, über den alle sprechen, textet nur ein Profi mit großer Erfahrung, der für einen Satz einige Wochen Zeit hat.

Dieses Buch ist für alle die geschrieben, die sich in das Feld der Presse- und Öffentlichkeitsarbeit einarbeiten wollen. Für diesen Zweck habe ich Informationen und Tips zusammengestellt, die zum Basis-Handwerkszeug einer guten Öffentlichkeitsarbeit gehören.

Wer noch keine oder wenig Erfahrung mit Öffentlichkeitsarbeit hat, sollte das Buch vom Anfang bis zum Ende lesen. Denen, die sich schon einige Zeit mit dieser Aufgabe beschäftigen, wird manches vertraut sein. Ihnen empfehle ich, gezielt nach neuen Anregungen zu suchen. Allen wünsche ich hier und da Spaß beim Lesen.

1. Die drei A der Presse- und Öffentlichkeitsarbeit

Öffentlichkeitsarbeit ist die Pflege öffentlicher Beziehungen (public relations). Alle Vereine, Initiativen, Verbände usw. haben public relations. Aber wie *macht* man Public Relations (PR)? Und wie, wo und womit fängt man (eine bessere) Öffentlichkeitsarbeit an? Und worauf kommt es an?

»Würdest du mir bitte sagen, wie ich von hier aus weitergehen soll?« fragte *Alice im Wunderland* die Katze. »Das hängt zum größten Teil davon ab«, lautete die Antwort, »wohin du möchtest.«

Manche haben es bei der Zielbestimmung einfach – zum Beispiel Schokoladehersteller. Wir wissen alle, wie die schönsten Pausen sind: *lila*. Mit einer guten Idee gelang es, ein unverändertes Produkt besser zu verkaufen. 1971 wurde ein Rindvieh an die Werbefront geschickt, um den Absatz zu fördern. Mit Erfolg: *Milka* ist seit Jahren eine der bekanntesten Schokoladenmarken. Mit der lila Kuh *Milka* so bekanntzumachen hat viel Geld gekostet. Die Investitionen haben sich gelohnt.

Ich will nicht die Leistung der Agentur schmälern, die dieses lila Leittier in die Welt gesetzt hat. Die Idee war toll. *Einfach* war die Problemstellung: Viele Menschen essen gerne Schokolade. Die Werbung mußte nur dafür sorgen, daß sie auf *Milka* aufmerksam werden. Da jede Schokolade in der Preisklasse zwischen 79 Pfennig und 2 DM gleich schmeckt, hängt die Entscheidung für eine Marke nicht von der Qualität des Produkts ab. Deshalb kann die Werbung neben dem

Preis zu einem wichtigen Faktor für das Kaufverhalten werden.[1]

Wer eine Tafel *Milka* kauft und mit Genuß ißt, wird sie (wahrscheinlich) wieder kaufen. Niemand will mehr von Schokolade als den immer gleichen Geschmack. Ein Schokoladehersteller muß nicht kommunizieren. Schokolade ist nicht in der öffentlichen Diskussion. Anders als bei Kaffee gibt es keine lebhaften Debatten über faire Kakaopreise für die Produzentinnen und Produzenten in der »Dritten Welt«. Und anders als zum Beispiel Benzin ist Schokolade nicht mit dem Makel der Umweltschädlichkeit behaftet. Auch die Gesundheits- und Schlankheitswelle bedroht den Schokoladenabsatz nicht ernsthaft. Der Fitneßkult ebnet eher neuen Produkten den Weg: der »leichten« *Yogurette* zum Beispiel. Schokolade wird nach der nächsten Steuererhöhung noch gekauft – während viele sich dann zweimal überlegen, ob sie für soziale Zwecke spenden. Schokolade opponiert nicht gegen gesellschaftliche Mißstände und Diskriminierungen. Schokolade muß nicht überzeugen, sondern nur schmecken. Schokoladehersteller sind nicht auf das freiwillige Engagement von Menschen angewiesen. Die Chefetage muß ihre Firmenpolitik nicht mit Mitgliedern abstimmen, ohne deren ehrenamtliche Arbeit nichts läuft.

Wenn es nicht darum geht, ein Produkt zu verkaufen, von dem

---

1 Der Erfolg dieser Werbung ist ein Grund, warum die Vorstellung, die in dem Kürzel AIDA zusammengefaßt ist, noch immer so viele Anhängerinnen und Anhänger hat. AIDA steht für awareness, interest, desire, action und ein schlichtes Denkmodell: Aufmerksamkeit, so wird angenommen, löst Interesse aus, das zu Wünschen führt und diese wiederum zu (Kauf- oder ähnlichen) Handlungen. Dieser Reiz-Reaktions-Mechanismus mag bei *Milka* funktionieren. Aber schon bei *Nestlé* kommen »störende« Variablen hinzu – zum Beispiel die, daß der Konzern in Afrika mit dem Verkauf von Milchpulver die Gesundheit von Säuglingen gefährdet.

die Konsumenten einen (mehr oder minder sinnvollen) Nutzen haben, helfen lila Kühe in der Öffentlichkeitsarbeit nur begrenzt weiter. In der Öffentlichkeitsarbeit von Nonprofit-Organisationen gibt es keine einfache Wenn-Dann-Logik: Wenn die berufstätige Frau *in* ist, dann betone ich in der Deo-Werbung, daß XYZ auch nach acht Stunden harter Arbeit »Frische schenkt«. Wenn die »verführerische« Frau *en vogue* ist, dann muß in der Parfümwerbung ein Modell vom Typ Claudia Schiffer für die entsprechenden Lifestyle-Assoziationen sorgen.

Wenn es nicht darum geht, einen schönen Schein oder die heile Konsumwelt zu inszenieren, um zu einem Produkt zu verführen, wenn es vielmehr darum geht,

• zu überzeugen, daß die Aids-Hilfe ausgebaut werden muß,
• zum Engagement gegen den Bau einer Stadtautobahn aufzurufen,
• Spenden für Kriegsflüchtlinge zu sammeln,

dann stehen vor der Frage nach dem Know-how, dem Handwerkszeug für Presse- und Öffentlichkeitsarbeit, Fragen nach Sinn und Zweck, Vision und Selbstverständnis einer Organisation.

Darum geht es auf den nächsten Seiten – um konzeptionelle Überlegungen in praktischer Absicht.

Einer Frage gehe ich in diesem Zusammenhang nicht nach, da ich annehme, daß Sie diese Frage für sich schon beantwortet haben: Ist Presse- und Öffentlichkeitsarbeit überhaupt notwendig? Wenn zum Beispiel elf Männer glücklich und zufrieden sind, alle vierzehn Tage gemeinsam mit ihrer Modelleisenbahn zu spielen und ihre große Anlage vor Weihnachten im Rathaus auszustellen, dann haben sie keinen Grund, für ihren Hobbyeisenbahner e. V. Öffentlichkeitsarbeit zu machen.

1.1 Um wen geht's eigentlich?
Adressatinnen und Adressaten bestimmen und gezielt ansprechen

Ich habe auf den ersten Seiten ganz selbstverständlich über Öffentlichkeits*arbeit* geschrieben. Doch was ist das eigentlich, *Öffentlichkeit*? Und gibt es *die* Öffentlichkeit? Ich antworte nicht mit einer Definition, sondern mit einem kleinen Bericht.

In der Kleinstadt, in der ich wohne, ist die »Wählergemeinschaft Die Grünen e. V.« im Stadtrat vertreten. Als »Interessent« dieses e. V. bekomme ich für 36 DM im Jahr die Einladungen und Protokolle der Vereinssitzungen geschickt. Diese Einladungen und Protokolle sind ein Grund, warum ich kein Mitglied werde: Sie sind so spannend wie die Einladungen und Protokolle eines Kaninchenzüchter-Vereins. Sie vermitteln mir den Eindruck, daß es auf den Sitzungen vor allem um einen »ordnungsgemäßen« Verlauf geht und viele Tagesordnungspunkte auf das nächste Treffen verschoben werden, obwohl immer – die Zeiten werden exakt protokolliert – viel zu lange getagt wird.

Eine gute Idee, Interessierte auf dem laufenden zu halten, verkehrt sich ins Gegenteil: Ich werde abgeschreckt. Der e. V. spricht mich nicht wirklich als interessierten Bürger an, sondern als jemanden, von dem verlangt wird, daß er sich – flapsig ausgedrückt – für jeden Furz interessiert, den der Verein läßt.

Was interessiert mich als Nichtmitglied? Was könnte mich an den Verein binden? Mich interessiert,

• was der Verein zu aktuellen Problemen in der Stadt meint,
• welche Initiativen er plant,
• ob es zeitlich befristete Projekte oder Aufgaben gibt, an denen ich mitarbeiten könnte,
• wer für welche Themen bzw. Fragen Ansprechpartnerin oder Ansprechpartner ist.

Doch darüber erfahre ich nichts.

Ich bin als Interessent Teil einer Teilöffentlichkeit. Ich gehöre eigentlich zur Zielgruppe der Wählergemeinschaft – aber eben nur *eigentlich:* Ich bin nicht wirklich Adressat gezielter Ansprache, sondern lediglich im Verteiler und bekomme routinemäßig das gleiche Material wie die Vereinsmitglieder zugeschickt. Die »Wählergemeinschaft« differenziert nicht. Das ist für die Öffentlichkeitsarbeit nicht zweckdienlich.

Zur Öffentlichkeit gehören der vielzitierte »Mann auf der Straße« und die Bundestagspräsidentin, ein Abgeordneter ebenso wie eine Journalistin, Parteien und Verbände, die Menschen in Flensburg und in München, in Köln und in Frankfurt an der Oder. Nicht alle sind für die Arbeit eines Vereins gleich wichtig, nicht alle interessieren sich für die gleichen Themen und Probleme. Und nicht alle sind auf dem gleichen Wege zu erreichen.

Deshalb ist es nützlich, zwischen bestimmten *Teilöffentlichkeiten* zu unterscheiden. Ich mache folgende pragmatische Unterscheidung:

• interne Öffentlichkeit,
• Fach-(politische) Öffentlichkeit,
• »Kern«-Öffentlichkeit,
• Medienöffentlichkeit.

Jeder Verein *hat* Teilöffentlichkeiten. Festgelegt werden muß, welche Teilöffentlichkeiten Vorrang haben und als *Zielgruppen* – als Adressaten der Öffentlichkeitsarbeit – *definiert* werden sollen.[2] Eine solche Bestimmung hilft,

---

2 Mein Vorschlag, zwischen vier Teilöffentlichkeiten zu unterscheiden, ist auch dann nützlich, wenn sich die Vereinsarbeit auf eine Personengruppe konzentriert. So steht ein Verein, der in der Jugendarbeit aktiv ist, vor der Frage, ob beispielsweise die *interne* Öffentlichkeit (junge Vereinsmitglieder) und die *Fach-(politische)*

- die Öffentlichkeitsarbeit überschaubar zu machen,
- Schwerpunkte zu setzen,
- Mittel und Medien gezielt einzusetzen.

Unterschiedliche Zielgruppen haben unterschiedliche Erwartungen. Öffentlichkeitsarbeit muß sich daher um eine adressatengerechte Ansprache bemühen und prüfen, wie eine Zielgruppe am besten erreicht werden kann. Direkt, über Medien oder über Multiplikatoren (zum Beispiel Lehrer, Ärztinnen, Politikerinnen).

In der Tabelle auf der Seite 24 gebe ich (ohne Anspruch auf Vollständigkeit) einen Überblick, wie sich die unterschiedlichen Zielgruppen zusammensetzen, mit welchen Mitteln und Medien sie angesprochen und welche Kommunikationsziele (vgl. S. 35 ff.) damit erreicht werden können.

Interne Öffentlichkeit

In vielen Vereinen wird geklagt: Nur wenige Mitglieder sind aktiv, die meisten zahlen nur (noch) ihren Mitgliedsbeitrag und lassen sich ansonsten nicht (mehr) oder nur (noch) sehr selten sehen. Darüber können Aktive sich intensiv aufregen und extensiv klagen. Nützlicher ist, diese Tatsache als Handlungsvoraussetzung für eine gezielte interne Öffentlichkeitsarbeit zu begreifen.

Damit meine ich nicht: In jeder Einladung das Klagelied anzustimmen, wieviel (Organisations-)Arbeit zu bewältigen ist und daß nur wenige diese Arbeit übernehmen. Dazu gehören auch nicht ständige (penetrante) Appelle, endlich aktiv zu werden.

Öffentlichkeit (Jugendvertreter und -verbände, Jugendpolitiker und -forscherinnen usw.) Zielgruppen der Öffentlichkeitsarbeit sein sollen.

Vereinsmitglieder sind zu nichts verpflichtet außer zur Beitragszahlung. Die Zeiten sind vorbei, in der eine Mitgliedschaft bedeutete, im Verein (in einer Partei, der Gewerkschaft) »aufzugehen«.

Die interne Kommunikation sollte deshalb nicht als lästige Pflicht, sondern als Herausforderung für die interne Öffentlichkeitsarbeit betrachtet werden. Der Zweck eines Protokolls, das an alle Mitglieder geht, ist verfehlt, wenn es nur für die Akten geschrieben wird. Eine Einladung oder eine Mitgliederversammlung ist nicht einladend und keine Versammlung der *Mitglieder,* wenn fünf von sechs Tagesordnungspunkte Formalien sind (Bestätigung der Einladung, Genehmigung des Protokolls, Wahl der Versammlungsleitung, Bestätigung der Tagesordnung, Rechenschaftsbericht des Kassierers…). Und ein Rundbrief ist kein Brief, wenn er nicht für die Empfängerinnen und Empfänger geschrieben ist, sondern der Selbstdarstellung des Vorstands dient.

Gegenüber Mitgliedern besteht eine »Bringschuld«. Sie müssen über die Ziele und die Arbeit des Vereins informiert werden. Arbeitsvorhaben und Arbeitsbereiche müssen transparent gemacht und überschaubare Beteiligungsmöglichkeiten angeboten werden. Alle Mitglieder sollten wissen, wen sie wann ohne großen Aufwand ansprechen können, wenn sie sich für ein bestimmtes Thema interessieren. Wenn die interne Öffentlichkeitsarbeit dies leistet, kann es gelingen, Mitglieder an den Verein zu binden und zur Mitarbeit zu motivieren.[3]

---

3 Mehr über die interne Kommunikation und die interne Öffentlichkeit, Mitarbeiterinnen und Mitarbeiter im nächsten Abschnitt.

Teilöffentlichkeit	Angehörige	Kommunikationsziele	Mittel und Medien
Interne Öffentlichkeit	Mitglieder, Mitarbeiterinnen und Mitarbeiter, Vorstand, Beirat, Zivildienstleistende, Honorarkräfte, unbezahlte Mitarbeiterinnen und Mitarbeiter, regelmäßige Spender	Motivation Bindung Aktivierung	Einladungen, Protokolle, Mitgliederzeitung, Rundbriefe, Rechenschafts-(Jahres-)Berichte, Mitgliederversammlung, Arbeitsbesprechungen, Sitzungen
Fach- (politische) Öffentlichkeit	Abgeordnete, Parteien, Parlamente, Verwaltung, Ausschüsse, Medien, Fachwissenschaftler, Institute (Hochschul-)Lehrerinnen, (Fach-)Verbände	Reputation Profil Unterstützung	Veranstaltungen, Fachbeiträge, Anhörungen, Stellungnahmen, Berichte, Anträge, Briefe, informelle und Fachgespräche, Verhandlungen
»Kern«- Öffentlichkeit	Betroffene, Patienten, Klientinnen, Angehörige, Initiativen und Vereine mit ähnlichen Zielen, Engagierte und Interessierte, sympathisierende Politikerinnen und Politiker	Reputation Profil Vertrauen Bindung Aktivierung	Veranstaltungen, Faltblätter, Plakate, Anzeigen, Ausstellungen, Informationsstände, Zeitung, (Rund-)Briefe, Arbeitsgruppen, Aktionen, Telefon und Anrufbeantworter
Medien- öffentlichkeit	Journalistinnen und Journalisten, Leser, Hörerinnen, Zuschauer (»allgemeine« Öffentlichkeit)	Öffentliche Wahrnehmung	Pressemitteilungen, Pressekonferenzen, Artikel, Leserbriefe, Veranstaltungen, Aktionen

Fach-(politische) Öffentlichkeit

Unterschiedliche Vereine haben unterschiedliche Fach-(politische) Öffentlichkeiten: sozialpolitische bzw. wissenschaftliche, entwicklungspolitische, medizinische usw. Nimmt sich ein Verein vor, gezielt Experten und Multiplikatorinnen in seiner Öffentlichkeitsarbeit zu berücksichtigen, muß er dieser Zielgruppe etwas bieten.[4] Zum Beispiel:

- einen Beitrag in einer Fachzeitschrift,
- ein interessantes Konzept,
- eine Unterrichtseinheit,
- Praktikumsplätze (für Studierende).

Insbesondere Politikerinnen und Politiker sind an Öffentlichkeit interessiert. Mit Veranstaltungen – Diskussionen, Streitgesprächen, Talkshows usw. – lassen sich doppelte Effekte erzielen: Öffentlichkeit für den Verein und zufriedene Politikerinnen und Politiker.

»Kern«-Öffentlichkeit

Der etwas unglückliche Begriff *»Kern«-Öffentlichkeit* ist eine Sammelbezeichnung für

- »Betroffene« (und ihre Angehörigen),
- (potentielle) Klienten, Patientinnen (und ihre Angehörigen),
- Stammwähler oder Sympathisantinnen.

Neue Mitglieder, Spender oder Unterstützerinnen sind in erster Linie in der »Kern«-Öffentlichkeit zu gewinnen. Sie sollte daher gezielt angesprochen werden. Wichtig sind konkrete Angebote zur befristeten Mitarbeit, die an den Verein binden kön-

---

4 Aufwand und Ertrag sind auch hier abzuwägen. »Stille« Lobbyarbeit kann in manchen Fällen sehr viel effektiver sein.

nen. Damit solche Angebote angenommen werden, sollte die »Kontaktschwelle« so niedrig wie möglich sein: Regelmäßige Öffnungszeiten sind ebenso wichtig wie die Möglichkeit, auf dem Anrufbeantworter eine Nachricht zu hinterlassen. Und wer die »Schwelle« zu einem Verein überschritten hat, darf nicht mit »Haut und Haaren« in die Vereinsarbeit einbezogen werden, sondern muß als Interessent oder Interessentin behandelt werden, der oder die sich orientiert und prüft, ob der Verein der richtige Ort für Engagement ist.

Die »Kern«-Öffentlichkeit ist Ausgangspunkt der Öffentlichkeitsarbeit. Sie muß nicht notwendig in deren Mittelpunkt stehen. Ist zum Beispiel die Nachfrage von Betroffenen so groß, daß ein Selbsthilfeverein weder alle Interessierten beraten noch genügend Gruppen betreuen kann, muß er darauf verzichten, weitere Betroffene anzusprechen. Er wird seine Öffentlichkeitsarbeit darauf konzentrieren, Unterstützung für den Ausbau seiner Arbeit zu bekommen.

Ausgangspunkt meint: Gerät die »Kern«-Öffentlichkeit aus dem Blick, verliert ein Verein und damit seine Öffentlichkeitsarbeit an Profil. Diese Feststellung ist eine Warnung vor Allmachtsphantasien. Damit meine ich die Vorstellung, für alle Ziele sei – eine bessere Öffentlichkeitsarbeit vorausgesetzt – die Öffentlichkeit zu gewinnen. Ein Verein zur Unterstützung von Aids-Kranken, der sich in seiner Öffentlichkeitsarbeit dem Denkhorizont derer anpaßt, die nur monogame heterosexuelle Beziehungen akzeptieren, mag zwar einen Spendenerfolg erzielen und Zuspruch von Erzbischof Dyba – aber er wird in jedem Falle Profil verlieren und den Zugang zu den meisten Betroffenen. Kurz: Will ein Verein neue Zielgruppen ansprechen, muß er neue Wege, Mittel und Formen der Ansprache finden – und darauf achten, nicht sein Profil zu verlieren.

Medienöffentlichkeit

Wer sich an Teilöffentlichkeiten wendet, erreicht nur einen Ausschnitt der allgemeinen Öffentlichkeit. Die gezielte Ansprache von relevanten Teilöffentlichkeiten ist zwar wichtig, aber sie führt nicht notwendig zu großer öffentlicher Aufmerksamkeit. Das ist kein Widerspruch.

Die interne Öffentlichkeit, die Fach-(politische) und die »Kern«-Öffentlichkeit sind für die Arbeit eines Vereins *unmittelbar* wichtig: Sie tragen die Arbeit und sind potentielle Mitglieder, (künftige) Spenderinnen, Unterstützer usw. Ein großer Teil der allgemeinen Öffentlichkeit ist hingegen für die konkrete Arbeit eines Vereins ohne Bedeutung. Und es wäre ein wenig sinnvolles Vorhaben, sie mit eigenen Medien erreichen zu wollen: Aufwand und Ertrag stünden in einem krassen Mißverhältnis. Das ist die eine Seite.

Die andere Seite: Jeder Verein, vor allem der Vorstand, ist daran interessiert, im Rampenlicht der Öffentlichkeit zu stehen. Deshalb gilt die Pressearbeit häufig als der entscheidende Bereich der Öffentlichkeitsarbeit. Diese Sichtweise ist wenig nützlich: Pressearbeit und zielgruppenorientiere Öffentlichkeitsarbeit erfüllen unterschiedliche Funktionen. Um erfolgreich zu sein, sind sie aufeinander angewiesen.

Ein Bericht in der Presse, im Rundfunk oder Fernsehen verleiht einem Verein das Prädikat »von öffentlichem Interesse«. Das ist für die Arbeit eines Vereins von großer Bedeutung. Pressearbeit zielt auf *öffentliche Wahrnehmung,* die als *öffentliche* durch Presse, Rundfunk und Fernsehen hergestellt wird.[5] Zielgruppe der Pressearbeit sind die Produzenten dieser Wahrnehmung: Journalistinnen und Journalisten. (Um dem Umgang mit dieser Zielgruppe geht es im dritten Kapitel.)

---

5 Mit der »öffentlichen Meinung« ist es ähnlich: Sie wird erst als *veröffentlichte* Meinung beachtet.

Medienöffentlichkeit erleichtert (1.) die Ansprache bestimmter Teilöffentlichkeiten. Sie bekräftigt (2.) Interesse und Engagement dieser Teilöffentlichkeiten für einen Verein.

1. Wer beispielsweise überlegt, Mitglied eines Sportvereins zu werden, liest die Selbstdarstellung eines SC e. V. aufmerksamer, wenn über diesen Verein in den Medien etwas zu lesen oder hören war. Eine Stadtverordnete wird die Initiative oder den Antrag eines Vereins ernster nehmen, wenn sie ihn aus der Presse kennt.

2. Öffentliche Wahrnehmung kann
   • Mitglieder binden,
   • Mitarbeiterinnen und Mitarbeiter motivieren,
   • Spenderinnen und Spender bestärken,
   • Interessierte aktivieren.

Allerdings verpufft der Effekt von Medienresonanz weitgehend, wenn sie nicht von einer zielgruppenorientierten Öffentlichkeitsarbeit begleitet wird. Gäbe es ein Erfolgsrezept für Öffentlichkeitsarbeit, dann sorgten eine aufeinander abgestimmte Zielgruppenansprache und Pressearbeit für die notwendige Würze.

1.2 Sein, Schein und Design: Der Auftritt muß stimmen

Das Vorhaben, die Presse- und Öffentlichkeitsarbeit zu verbessern, ist eine paradoxe Angelegenheit, und (in Anlehnung
an *Milka* formuliert) die schönsten Weisheiten sind asiatisch.
Was paradox ist, illustriere ich mit einem kleinen Bericht.

Ein Verein aus dem Ruhrgebiet will seine Öffentlichkeitsarbeit
verbessern und holt sich deshalb Anregungen von einer PR-Ex-
pertin, wie sein Informationsmaterial ansprechender gestaltet
und besser getextet werden kann.

»Die Gestaltung von Faltblättern und Broschüren ist *die In-
szenierung einer Mitteilung*«,[6] klärt die Expertin auf und fragt:
»Was soll denn mitgeteilt werden?«

»Wir wollen darüber informieren, wer wir sind und was wir
machen«, lautet die (arglose) Antwort.

»Und was ist der Sinn und Zweck dieser Kommunikations-
maßnahme?« bohrt die Expertin weiter.

»Wir wollen Menschen auf unsere Arbeit aufmerksam machen,
Interesse wecken.«

Die Frage, ob eine *interne Situationsanalyse* sichergestellt habe,
daß der Verein auf einen größeren *Respons* vorbereitet sei, und
drei weitere werden noch nachdenklich beantwortet. Aber als
die Expertin auf die Notwendigkeit einer *zielgruppenaffinen
Mediaplanung* als notwendige Begleitmaßnahme zu sprechen
kommt, wird stillschweigend der Beschluß gefaßt, den Zivil-
dienstleistenden zu einer Fortbildung in Desktop publishing zu
schicken und ihm die Gestaltung des nächsten Faltblatts zu
übertragen.

»Denke in Jahrhunderten, handle in Jahrzehnten und ignoriere
kurzfristiges Gewinnstreben«, lautet eine japanische Weisheit.

---

6 Diese und die folgenden *kursiv* gesetzten Formulierungen stammen aus Selbstdarstellungen und Präsentationsunterlagen von verschiedenen Werbeagenturen.

Und in China rät man Menschen, die etwas erreichen wollen: »Du mußt auf den Mond zielen, wenn Du über den nächsten Zaun willst.«

Sie denken über den Tag hinaus, und um kurzfristiges Gewinnstreben geht es Ihrer Selbsthilfegruppe ohnehin nicht. Nur: Ihr nächstes Projekt soll in der Öffentlichkeit mehr beachtet werden.

Das Paradoxe: Wer heute seine Öffentlichkeitsarbeit verbessern will, steht vor der Tatsache, daß die Basis jeden Erfolgs *die systematische, auf eine langfristige Wirkung angelegte Entwicklung von Kommunikationsmaßnahmen* ist. Und deshalb bleibt der gute Wille, die Öffentlichkeitsarbeit zu verbessern, häufig guter Wille.

Hüter und Verkünder dieser Komplexität sind die »C«ologen, die komplexe Zusammenhänge in treffliche Worte fassen können – und vor denen ein Verein sich nur blamieren kann, will er lediglich bessere Faltblätter machen. »C«ologen setzen auf die Unternehmensidentität, auf die Corporate *Identity*. Das ist der Oberbegriff für alle Einflußgrößen, die das Corporate *Image* eines Unternehmens bestimmen:

- das Erscheinungsbild (Corporate *Design*),
- die interne und externe Kommunikation (Corporate *Communication*) und
- das Verhalten aller Beschäftigten (Corporate *Behaviour*).

Das ist nur die Mindestausstattung. Mit Corporate läßt sich noch viel mehr verbinden: *Wording, Culture, Mission, Message, Environment, Product* - zum Beispiel.

Ich mache immer wieder zwei Erfahrung mit der »C«ologie:

1. Die »C«-Moden sind konservativen Vorständen willkommener Vorwand, alles beim alten zu lassen.
2. Viele Vereine sind trotz des guten Willens, neue Wege in der Öffentlichkeitsarbeit zu beschreiten, steckengeblieben oder haben von der Reise ins »C«-Land nur neues Briefpapier mitgebracht.

Zwar sollten Reisen in neues Land gut vorbereitet werden; aber man sollte auch darauf achten, nicht noch im Sommer über den Katalogen zu sitzen, statt Land und Leute zu erkunden. Wer auf den Mond zielt, um über den nächsten Zaun zu kommen, sollte nicht die Zäune vermehren. Nur wer sich bewegt, kann etwas bewegen. Wer sich ins Land der Presse- und Öffentlichkeitsarbeit begibt, sollte das »hohe C« im Gepäck haben. Die Fragen der Expertin in der kleinen Gesprächssequenz sind sinnvoll. Doch irgendwo muß man anfangen, das Rad ins Rollen bringen. Wer anfängt, kann keinen gordischen Knoten durchschlagen. Wer anfängt, packt einen Teil der ganzen Aufgabe an und sollte sich bemühen, Zusammenhänge im Auge zu behalten. Ich weise auf solche Zusammenhänge hin und gebe Anregungen, die Ihnen helfen, Fragehaltungen zu entwickeln. Die folgende Abbildung zeigt die Felder, auf denen sich das Rad bewegt, das ins Rollen gebracht werden soll.

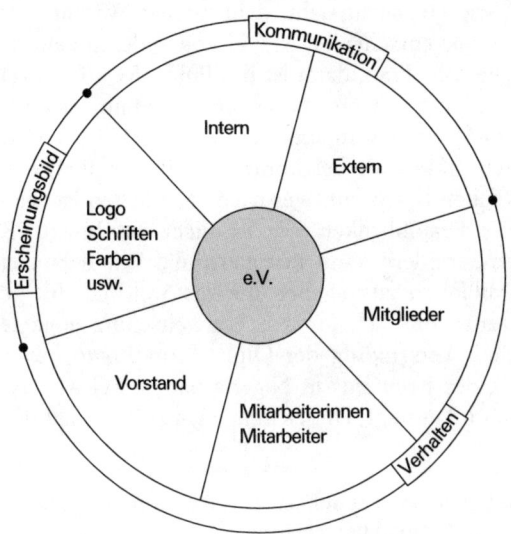

»Was imponieren soll, muß Charakter haben«

Viele Unternehmen beschränken sich schon lange nicht mehr darauf, für ihr Produkt zu werben. Von *Shell* bis zur *Dresdner Bank* wird an einer »Unternehmensidentität« (Corporate Identity) gearbeitet: Mit Profil, Reputation und Vertrauen soll ein umsatzsteigerndes Image erreicht werden.

Vereine, die um öffentliche Aufmerksamkeit konkurrieren, stehen vor der gleichen Aufgabe; sie müssen Profil, Reputation und Vertrauen gewinnen. Doch sie sollten eigene Mittel wählen, wenn ihre Zwecke sich von denen der *Dresdner Bank* unterscheiden. Herkömmliche PR-Konzepte lassen sich aus (mindestens) zwei Gründen nicht umstandslos in den Nonprofit-Bereich übertragen.

1. Wenn eine Frau einen Mann kennenlernt und ihm erzählt, wie großartig sie ist, dann ist das Reklame. Wenn sie ihm sagt, wie gut er aussieht, dann ist das Werbung. Wenn er sich für sie entscheidet, weil er von anderen gehört hat, sie sei eine tolle Frau, dann ist das Public Relations.[7] Die Frau hat ein gutes Image. Gewinnt der Mann einen anderen Eindruck, ist das Image dahin. Hat die Frau Ecken und Kanten und ist sie bestimmt statt immer nur freundlich – weil Falten bekommt, wer nach allen Seiten lächelt –, dann hat sie Persönlichkeit. Sie ist nicht auf Image-PR angewiesen, sondern kann ihre Persönlichkeit darstellen. *Shell* hat Millionen ausgegeben für das Soll-Bild (Image) eines Konzerns, der sich für den Umweltschutz engagiert. Die geplante Versenkung der Ölplattform *Brent Spar* und die Politik des Konzerns in Nigeria haben weltweit Aufsehen erregt und gezeigt: Dieses Image entspricht nicht der Unter-

---

7 Diese Definition geht auf einen Bankier zurück. Ich habe die Geschlechter-Relation umgekehrt.

nehmensidentität, sondern ist nur Mittel zum Zweck, viel Benzin zu verkaufen. Die Millionen für die Image-Pflege wurden in den Sand gesetzt. Und Millionen wird der Versuch einer Image-Korrektur kosten. Vereine sollten es in der Öffentlichkeitsarbeit lieber mit Goethe halten: mit Charakter (moderner: Persönlichkeit) imponieren, statt emsig am Image polieren.

2. Dem Konzept der Corporate Identity liegt ein autoritäres Denkmuster zugrunde. Eine CI aufzubauen, ist ein langfristiges Ziel, das nur erreicht werden kann, so ein PR-»Papst«, wenn sich die »ganze Organisation einer gesamthaften Ausrichtung *unterwirft*.«[8] Die Bundeswehr und die Heilsarmee unterliegen einer »gesamthaften Ausrichtung«. Es gab einmal den »Kruppianer«, und *McDonalds* bemüht sich um eine »gesamthafte Ausrichtung«. Für die Öffentlichkeitsarbeit eines Vereins sind solche hierarchisch strukturieren Unternehmen keine geeigneten Leitbilder. Gefolgschaft läßt sich verordnen, (Vereins-)Identität, Persönlichkeit nicht. Das gilt bereits für die leichtere Übung, die Arbeit an einem Corporate Design (CD).

Auftritt 1: Das Erscheinungsbild

Der optische Auftritt eines Vereins – Logo, Briefpapier, Aufkleber, Anzeigen, Visitenkarten usw. – dient als Haltepunkt. Er soll der Öffentlichkeit eine – positive – Orientierung bieten und in der Fülle visueller Einflüsse Wahrnehmung ermöglichen und für Wiedererkennung sorgen. Das Erscheinungsbild als Element der Öffentlichkeitsarbeit sollte funktional sein[9]:

---

8 Horst Avenarius: Public Relations. Darmstadt 1995, S. 170 – Herv. von mir.
9 In der PR-Welt heißt das: *form follows function*.

- die Kommunikation nach innen und nach außen erleichtern,
- die Trägerinnen und Träger der Vereinsarbeit motivieren und
- die Mitglieder binden.

Damit ein neues oder verändertes visuelles Erscheinungsbild diese Funktionen erfüllen kann, muß es von den Beteiligten angenommen werden. Sowohl pragmatische als auch grundsätzliche Gesichtspunkte sprechen gegen jeden Versuch, ein Erscheinungsbild administrativ von oben durchzusetzen.

Die pragmatischen: Manchen Mitgliedern und Mitarbeitern mag es gleichgültig sein, ob das Vereinslogo geändert oder eine neue Vereinsfarbe eingeführt wird. Probleme entstehen, wenn viele nicht mitziehen und weiterhin das alte Briefpapier oder die bisherigen Plakatvordrucke verwenden. Wenn die neue Schrift nicht benutzt oder die alten Farben beibehalten werden, ist der neue einheitliche optische Auftritt verpatzt. Zudem ist jedes administrative Verordnen mit dem Risiko verbunden, daß die Voraussetzungen und Möglichkeiten der Nutzer und Anwenderinnen eines neuen CD nicht ausreichend berücksichtigt werden. Eine Organisation mit mehreren Einrichtungen oder ein Dachverband mit zahlreichen Mitgliedsorganisationen verbaut sich die Chance eines neuen Auftritts aus einem Guß, wenn die »nachgeordneten« Einheiten das neue Erscheinungsbild nicht für ihre Zwecke umsetzen können.

Die grundsätzlichen Überlegungen: Der Kegelclub »Alle Neune« oder der Golfclub »Elite« mögen als hierarchisch strukturierte Vereine funktionieren, in denen Veränderungen von oben nach unten verordnet werden können. Ein moderner Verein, ein lebendiger Organismus mit unterschiedlichen Menschen kann nicht auf eine Ausdrucksweise von Identität verpflichtet werden – vor allem dann nicht, wenn er demokratischen Organisationsprinzipien verpflichtet ist.

Grafische Elemente wie ein Logo, die Vereinsfarbe(n), Schriften, Formate usw. werden nur dann ein tragendes Element in der Öffentlichkeitsarbeit, wenn sie angenommen werden. Das ist keine Frage des Geschmacks, sondern der Demokratie. Notwendig sind Diskussionen über das Selbstverständnis der Mitglieder, der Mitarbeiter und Mitarbeiterinnen und nicht zuletzt der Vorstandsmitglieder. Ob, warum und wozu ein Verein mit einer neuen Typographie oder einer zusätzlichen Farbe auftreten will, bedarf der Diskussion, weil CD-Veränderungen einen Widerspruch auf die Tagesordnung setzen, der in jeder Organisation besteht, den Widerspruch zwischen dem Wunsch nach Wandel und dem Bedürfnis nach Kontinuität. Mit ihm sind weitere Fragen verknüpft: Wie ist das Verhältnis zwischen Hauptamtlichen und Ehrenamtlichen, zwischen Jung und Alt?

Aus Zielen, dem Selbstverständnis oder Grundideen läßt sich nicht zwingend ein Design entwickeln. Doch die Verständigung über ein neues Erscheinungsbild kann mit anregenden Diskussionen über Ziele und Anliegen eines Vereins verknüpft werden, die im Arbeitsalltag oft in den Hintergrund treten:

• Was soll in den Vordergrund gestellt werden? Und was ist der dafür nötige Auftritt?
• Soll seriös informiert oder »mit Biß« motiviert werden? Welche Farben und welche Schrift erscheinen dafür geeignet?
• Bringt das »handgestrickte« oder das grafisch perfekte Plakat das Selbstverständnis besser zum Ausdruck? Welche Variante deckt sich besser mit den Vorstellungen der Mitglieder und dem Lebensstil der Adressatinnen und Adressaten?

Und wie wichtig ist schließlich allen Beteiligten das Äußere, das Briefpapier, die Einrichtung des Büros, der Tagungs- und Veranstaltungsräume usw.?

Ein neues Erscheinungsbild sollte am Ende solcher Überlegungen stehen. An dem Diskussionsprozeß müssen sich nicht alle beteiligen. Wichtig ist allerdings ein transparenter Ent-

scheidungsprozeß, der dazu führt, daß das Ergebnis kommuniziert werden kann. Sind diese Voraussetzungen erfüllt, kann die Verbesserung der Öffentlichkeitsarbeit sinnvoll an diesem Punkt beginnen – ist Design nicht nur Schein.
Ich gebe drei Empfehlungen zum Erscheinungsbild:

1. Mit einem aufwendigen und detailverliebten Design läßt sich nur schwer arbeiten. Alle Materialien müssen zentral gestaltet werden, eine flexible Anwendung für wechselnde Zwecke ist nur sehr schwer möglich. Deshalb rate ich zu einem aus *wenigen* und *eindeutigen* Elementen bestehendem Erscheinungsbild, das einfacher zu realisieren und für unterschiedliche Anforderungen einzusetzen ist.

2. Das Erscheinungsbild sollte klar und eindeutig sein. Mit Anlehnungen an den Zeitgeist oder Mischungen aus drei gelungenen optischen Auftritten anderer Organisationen erreicht man das Gegenteil. Wer heute *trendy* ist, ist schon morgen *out* und nie eindeutig. Mischungen ergeben zwar ein Profil, aber kein klares. Klarheit und Eindeutigkeit machen unterscheidbar und unverwechselbar. Das ist eine wichtige Voraussetzung, um öffentlich wahrgenommen (und wiedererkannt) zu werden.

3. Wo immer und wann immer es möglich ist, sollten gewohnte Bahnen verlassen werden – bei der Papierauswahl ebenso wie bei Falztechnik oder der Farbgebung. Es kommt nicht darauf an, das ganz Neue zu erfinden, sondern aus den Dingen etwas zu machen.

Wie ein neues oder verändertes Erscheinungsbild auch ausfallen mag: Will sich ein Verein aus einem Guß präsentieren, müssen alle wissen, die mitgießen, welche Eisen ins Feuer kommen. Deshalb sollte eine kleine Handreichung erstellt werden, in der alle notwendigen Informationen über den Umgang mit den Elementen dieses Erscheinungsbildes enthalten sind, zum

Beispiel:
- welche Schriften für welche Textteile (Überschrift, Zwischenüberschrift, Fließtext) verwendet werden sollen,
- an welcher Stelle das Logo stehen soll,
- welche Farbangaben in der Druckerei benötigt werden,
- wie der Vereinsname geschrieben werden soll (zum Beispiel immer in VERSALIEN oder *kursiv*).

Auftritt 2: Die Kommunikation

Ein schwer zu verstehender Faltblatt-Text, in dem auf jeder Seite ein Fachjargon fröhliche Urstände feiert, erzielt einen Effekt. Nur selten ist es der beabsichtigte. Welcher Verein will schon den Eindruck erwecken, eine Einrichtung für Insider zu sein?

Mir begegnet in Vereinen und Initiativen immer wieder der Typ Martin Luther: »Hier stehe ich, ich kann nicht anders; Gott helfe mir.« Diese Haltung war sehr mutig und ist vorbildlich für alle, die gegen den Strom schwimmen. Diese Haltung ist ein gutes Fundament für eine Organisation und kann davor bewahren, richtungslos dem Zeitgeist hinterherzulaufen. Mit dieser Haltung läßt sich jedoch keine vernünftige Öffentlichkeitsarbeit machen.

Ein Bildungsverein, der einen Kurs »Feste im Jahreskreis der matrifocalen Frauen- und Göttinnenkultur Be-Leben« anbietet, will sich zu seinem spirituellen Ansatz bekennen, aber kein Angebot machen. Wer in einer Kursankündigung schreibt: »Prana, Orgon, Odem, Lebensenergie sind Begriffe für die Kraft, die in unseren Zellen pulsiert und den Atem in Bewegung setzt. Sie erfaßt unseren innersten Kern«, signalisiert die eigene Lebensphilosophie und verzichtet auf eine nachvollziehbare Mitteilung.

In Programmen, Selbstdarstellungen und Pressemitteilungen vieler Vereine dominieren (neben langweiligen Ausführungen über die Vereinsgeschichte und -struktur) Bekenntnisse. Das eint viele Texte unabhängig davon, ob es um Politik, Bildung, Pflege oder Selbsthilfe geht. Das ist ein untrügliches Zeichen für die Verwechslung von Selbstverständnis und Kommunikation – für Schwächen in der Öffentlichkeitsarbeit.

Wenn ich anderen über meinen Nervenzusammenbruch berichten will, brauche ich einen klaren Kopf. Ich muß mir zunächst selbst darüber klar werden, wie es zu dem Zusammenbruch kam, bevor ich andere darüber informiere, um Rat frage oder auffordere, mich dabei zu unterstützen, ein gesünderes Leben zu führen. Karikierend formuliert: Wenn ich spirimäßig drauf bin, muß ich, wenn es um Öffentlichkeitsarbeit geht, sehr kopflastig checken, was notwendig ist, damit meine Vibrations echt gut rüberkommen.

Was soll kommuniziert werden? So lautet eine Kernfrage von Öffentlichkeitsarbeit, mit der weitere Fragen verbunden sind:

- Wie lauten die Mitteilungen, und was sollen sie transportieren? Meinung, Information, Emotion?
- Was sollen diese Mitteilungen erreichen? Zustimmung, Wir-Gefühl, Aktion, Interesse, Einstellungsveränderungen?
- Wie müssen sie beschaffen sein? Einfach oder komplex, umfassend oder exemplarisch, ironisch oder seriös, emotional oder sachlich?

Bei der Entwicklung eines Kommunikationskonzepts muß auch der Frage nachgegangen werden, ob die Grundsätze der Kommunikation nach außen mit der internen Kommunikationspraxis übereinstimmen:

- Sind alle über das informiert, was nach außen kommuniziert werden soll?
- Wird die Kommunikationsidee von allen getragen, oder ist sie eine einsame Entscheidung von oben?

Beide Fragenkomplexe schließen die Prüfung ein,

- wie die Kommunikationsabläufe im Inneren und nach außen aussehen,

• ob die Kommunikationsabläufe sich bewährt haben oder alles nur Routine ist,
• ob es direktere Kommunikationswege gibt und wie sie beschritten werden können.

Vor der Forderung nach mehr Kommunikation mit relevanten Teilöffentlichkeiten sind also die Fragen nach den Zielen, Wegen und dem Stil der Kommunikation zu klären – ist eine Verständigung über die »Unternehmenskommunikation« erforderlich. Ich gebe hierzu sieben Empfehlungen:

1. Ob Faltblatt, Pressemitteilung, Anzeige, Mitgliederrundbrief oder Vereinszeitung: Glaubwürdigkeit ist der wichtigste Grundsatz jeder Kommunikation. Potemkinsche Dörfer, Jubelberichte oder Weltuntergangsbeschwörungen schaffen kein Vertrauen. Es kommt nicht darauf an, die Realität schwarzzumalen oder den Verein schönzufärben, sondern sie oder ihn ins richtige Licht zu rücken. Wenn das gelingt, kann die Bereitschaft geweckt werden, die Realität zu verändern oder im Verein mitzumachen.

2. Wer kommuniziert, muß sich auf den Kommunikationspartner einstellen. Ich habe im ersten Abschnitt darauf hingewiesen, daß unterschiedliche Teilöffentlichkeiten auch unterschiedliche Erwartungen haben. In einer Vereinszeitung mag es adressatengerecht sein, ein Wir-Gefühl anzusprechen, um Bindung zu erreichen. In Informationen für Fachleute oder Interessierte muß Kompetenz kommuniziert oder Interesse geweckt werden. Wenn Interessierte für ein Projekt gewonnen werden sollen, ist in der Ansprache darauf zu achten, daß nicht der Eindruck entsteht, Bindung sei die (un)heimliche Voraussetzung für Engagement.

3. Wie das Erscheinungsbild sollte auch die Kommunikation klar und eindeutig sein, um das Vereinsprofil herauszustel-

len: Ist ein Verein keine bürokratische, sondern eine vitale, demokratische Organisation; geht es in der Vereinsarbeit nicht um Bevormundung, sondern um Hilfe zur Selbsthilfe; sind Patienten oder Klientinnen nicht Objekte der Verwaltung, sondern Subjekte, deren Selbstbestimmung gefördert werden soll – dann sollten Mitteilungen argumentativ und verständlich sein statt bürokratisch und kompliziert, direkt statt modisch, anschaulich statt pathetisch.

4. Verlassen Sie gewohnte Bahnen, lautete eine Empfehlung zum Erscheinungsbild, die ich verknüpft habe mit dem Hinweis, daß es nicht darauf ankommt, das ganz Neue zu erfinden, sondern aus den Dingen etwas zu machen. Dieser Grundsatz gilt auch für die Vereinskommunikation. Weder Vereinsdeutsch noch Fachjargon, weder Neudeutsch noch Szenesprache sind originell und überraschend – sondern Teil des täglichen Sprachmülls, der Kommunikationskanäle verstopft. Mit Schopenhauer als Maxime formuliert: »Man gebrauche gewöhnliche Worte und sage ungewöhnliche Dinge.«

5. »Dialogorientierte Kommunikation« ist der Modebegriff in der PR-Welt. Alte Kommunikationskonzepte werden neu verpackt und mit dem Etikett »dialogorientiert« versehen. Der Dialog, symmetrische Kommunikation, ist vereinsintern unerläßlich, um sich über (Kommunikations-)Ziele zu verständigen, einen Konsens über die Arbeitsgrundlagen zu finden. So bestechend der Gedanke des »Runden Tisches« ist, in der Öffentlichkeitsarbeit muß man in der Regel mit bescheideneren Möbeln auskommen. Dialogorientierte Kommunikation kann hier heißen, alle Mitteilungen sind replikfähig: Kommunikation beschreibt präzise und argumentiert sachlich, so daß widersprochen bzw. richtiggestellt werden kann – Verständigung also möglich ist.

6. In einer Veröffentlichung des Vorsitzenden des Ehrenrates der Deutschen Public Relations Gesellschaft sind herrliche Klischees über »alternative Öffentlichkeitsarbeit« versammelt. Alternative PR, heißt es zum Beispiel, »ist die Aufgabe aller Aktivisten«, von denen kein professionelles Verhalten, sondern »Betroffenheit erwartet« wird.[10] Zu den Merkmalen alternativer Öffentlichkeitsarbeit zählt der Autor die direkte Kommunikation. Es sei dahingestellt, ob direkte Kommunikation typisch ist für alternative PR (oder die Urform von Öffentlichkeitsarbeit). Sie ist in jedem Falle wichtig, weil besonders eindrucksbildend. Menschen werden viel eher für glaubwürdig und überzeugend gehalten als Organisationen.[11]

7. Schließlich sollten Sie »nie vergessen, daß die Gesellschaft lieber unterhalten als unterrichtet werden will« (Adolf Freiherr von Knigge).

Die Verantwortlichen für Presse- und Öffentlichkeitsarbeit müssen mit den Kommunikationsmitteln und -methoden umgehen können. Sie bestimmen jedoch nicht die Kommunikationsziele und -grundsätze. Das ist Aufgabe aller Verantwortlichen eines Vereins.

Auftritt 3: Das Verhalten

Schokolade muß nur schmecken; niemand verlangt mehr von *Milka*. Vereine sind keine Konsumartikel. An sie werden andere Erwartungen gestellt. Deshalb nützt einem Verein die beste Public Relations wenig, wenn die Human Relations nicht

---

10 Horst Avenarius: Public Relations. Darmstadt 1995, S. 314.
11 Deshalb stehen zum Beispiel manche Politiker viel höher in der Gunst der Öffentlichkeit als ihre Partei.

stimmen. Und ein neues Design ist nur Schein, wenn die Mitarbeiterinnen und Mitarbeiter lästern, »der alte Verein bleibt auch im Fracke derselbe wie in der Jacke«, weil die Arbeitsatmosphäre schlecht ist und alle überlastet sind. Professionelle Kommunikation ist vergebliche Mühe, wenn sie im Vereinsalltag keine Entsprechung findet – im Verhalten der Mitarbeiterinnen und Mitarbeiter, im Auftreten des Vorstandes und im Selbstverständnis der Mitglieder. Sind die Mitarbeiterinnen und Mitarbeiter unfreundlich, die angebotenen Dienstleistungen unzureichend und die Arbeit insgesamt dilettantisch, verpufft die beste Öffentlichkeitsarbeit.

Vereine sind Dienstleistungsunternehmen, von denen ein Service erwartet wird, der sich deutlich vom Verhalten von Behörden, Ämtern und ähnlicher Einrichtungen unterscheidet – ein Angebot, das die Kundin und den Kunden in den Mittelpunkt stellt. Diese Formulierung mag manchen mißfallen. Ich will damit die Abgrenzung zu zwei Organisationstypen unterstreichen. Die *staatliche Bürokratie* behandelt Bürgerinnen und Bürger als Bittsteller. Die *selbstgefällige Organisation* erwartet Dankbarkeit, daß es sie gibt *(»Seien sie doch froh, daß sie bei uns mitmachen können, einen Platz bekommen«).* Ob und wie weit ein Unterschied zu diesen Institutionen erfahrbar ist, entscheidet maßgeblich über die Reputation eines Vereins (und darüber, ob Interessierte, sofern dies möglich ist, lieber auf kommerzielle Dienstleistungen zurückgreifen).

Rufe ich einen Sportverein an und bekomme nur unfreundliche Gesprächspartner an den Apparat, sind alle PR-Bemühungen dieses Vereins umsonst. Ich gehe zu einem Fitneßstudio, wo ich gegen Bezahlung freundlich behandelt werde.

Wenn ich einem Verein eine Spende überweisen will und mir niemand die Kontonummer sagen kann, weil die Buchhalterin in Urlaub ist, überweise ich das Geld einem Verein, dem ich mehr zutraue.

Wird mir zu verstehen gegeben, ich sei ein Störenfried, weil ich mich darüber beschwere, daß ich die schon dreimal versprochene Spendenquittung noch immer nicht erhalten habe, kann der Verein nicht mehr mit einer Spende von mir rechnen. Am Rande bemerkt: Jede Beschwerde ist eine kostenlose Organisationsberatung bzw. Marktforschung!

Habe ich mit Mühen die Öffnungszeiten eines Vereins herausbekommen und muß zu dieser Zeit – mit dem Trost »Kollege kommt gleich« – auf dem Flur herumstehen, wo nicht einmal eine Information über die Arbeit des Vereins ausliegt, sieht man mich einmal und nie wieder.

Ich gehe zu einem Verein, weil ich mitarbeiten will. Doch niemand kümmert sich um mich. Unausgesprochen wird mir signalisiert: *Wir bleiben lieber unter uns (wir mögen uns zwar nicht, aber wir kennen uns)*. Nach dieser Erfahrung erreicht mich selbst die beste Öffentlichkeitsarbeit nicht mehr.

Macht der Vereinsvorsitzende im Kulturausschuß der Stadt andere Projekte schlecht, um eine möglichst hohe Fördersumme für seinen Verein herauszuschlagen, glaube ich dem Verein kein Wort mehr, wenn er für sein Konzept einer demokratischen Stadtteilkultur wirbt.

Kurz: Wie im kommerziellen Bereich ist Öffentlichkeitsarbeit nur dann langfristig erfolgreich, wenn das »Produkt« hält, was Erscheinungsbild und Kommunikation versprechen. Und die »Produkt«qualität eines Vereins hängt maßgeblich vom professionellen Verhalten der Menschen ab, die ihn tragen.

Vor *Verhaltens*empfehlungen hüte ich mich. Deshalb nur ein allgemeiner Hinweis: Es wird viel über Parteienverdrossenheit diskutiert. Sie ist Ausdruck eines allgemeinen Trends: Die Vorbehalte gegen (Groß-)Organisationen nehmen zu. Der DGB leidet unter dieser Entwicklung ebenso wie die CDU. Neben dem Wandel im Lebensstil sind zwei Erfahrungen mit Organisationen aller Art Ursache dieser Entwicklung:

- Organisationen richten viel Energie auf ihre Selbsterhaltung, statt sich um die Lösung gesellschaftlicher Probleme zu kümmern;
- die Strukturen vieler Organisationen sind nicht transparent und bieten den einzelnen wenig Einflußmöglichkeiten.

Ein transparent und demokratisch strukturierter Verein, der problem- bzw. aufgabenorientiert statt auf sich selbst fixiert ist, hat gute Voraussetzungen für die Öffentlichkeitsarbeit und ein großes Plus, wenn aufgrund seiner Öffentlichkeitsarbeit sich Interessierte melden.

1.3 Es muß nicht immer das Jubiläum sein – Anlässe für Presse- und Öffentlichkeitsarbeit

Presse- und Öffentlichkeitsarbeit bemüht sich um das knappe Gut Aufmerksamkeit. Wer ein soziales, kulturelles oder politisches Anliegen auf die gesellschaftliche Tagesordnung setzen will, muß sich darum kümmern, daß die Öffentlichkeit (bzw. relevante Teilöffentlichkeiten) diesem Anliegen Aufmerksamkeit schenkt. Presse- und Öffentlichkeitsarbeit erfüllt also eine Bringschuld.

Wem oder was Aufmerksamkeit »geschenkt« wird, hängt ab von

- der Prominenz einer Person oder Organisation,
- der Bedeutung eines Themas,
- der Originalität, Neuigkeit oder dem Unterhaltungswert eines Ereignisses oder Vorschlags,
- den Werten, die mit einem Thema verknüpft sind,

und von der Öffentlichkeitsarbeit.

Öffentlichkeitsarbeit ist Pflege öffentlicher Beziehungen, Kommunikation mit Teilöffentlichkeiten. Beziehungen sind nicht selbstverständlich, sondern eine kontinuierliche Aufgabe. Kommunikation entsteht nicht automatisch, sondern muß ermöglicht werden.

Anlässe entdecken

Bei allem, was ein Verein plant, ist der Gesichtspunkt der öffentlichen Vermittlung von Anfang an zu bedenken. In vielen Vereinen ist das nicht die Regel. Vielmehr wird an Öffentlichkeitsarbeit erst dann gedacht, wenn schon ein ausgearbeitetes Konzept für eine Aktion oder Veranstaltung vorliegt. Die Öffentlichkeitsarbeit soll sich »nur« noch darum kümmern, *wie* diese Aktion oder Veranstaltung in die Öffentlichkeit gebracht

45

werden kann. Ein solches Vorgehen unterschätzt die Bedeutung von Öffentlichkeitsarbeit und schafft schlechte Voraussetzungen für eine erfolgreiche Öffentlichkeitsarbeit. Gute Voraussetzungen sind gegeben, wenn in jeder Planungsphase geklärt wird, *wie* eine Aktion oder Veranstaltung *gemacht* werden kann, um öffentliches Interesse zu wecken.

»25 Jahre XYZ e.V.« kann wie das 10jährige Jubiläum gefeiert werden: Grußwort der Bürgermeisterin, Ansprache des Vorsitzenden, Buffet ... Es geht aber auch anders: Die Jubiläumsfeier kann mit einem originellen Programm bestritten werden – und dann ist es nicht mehr schwer, zu werben. *Im* Jubiläum stecken Möglichkeiten, die Öffentlichkeit zu interessieren. Öffentlichkeitsarbeit hat die Aufgabe, diese Möglichkeiten zu entdecken.

Eine Podiumsdiskussion kann die Eitelkeit des Vorstands befriedigen, wenn alle Mitglieder an der Diskussion teilnehmen. Allerdings darf nicht erwartet werden, daß diese Podiumsdiskussion auf öffentliches Interesse stößt. Soll die Aufmerksamkeit möglichst vieler Menschen geweckt werden, ist zu prüfen, wer an der Diskussion teilnehmen und wie das Thema akzentuiert werden soll. Das gehört zur Öffentlichkeitsarbeit. Eine Veranstaltung mit einem langweiligen Thema und einem Podium, das weder prominent besetzt ist noch spannende Kontroversen erwarten läßt, ist mit dem besten Faltblatt nicht schmackhaft zu machen. Auch in der Öffentlichkeitsarbeit gilt: Vorbeugen ist besser als ausbügeln.

Viele Vereine können von großen Unternehmen mindestens in einer Hinsicht lernen: wie die Rolle von Öffentlichkeitsarbeit zu bestimmen ist. Große Unternehmen veranstalten zum Beispiel keine Podiumsdiskussionen, an denen nur die Konzernspitze teilnimmt. Vielmehr laden sie *Greenpeace* oder andere Organisationen ein, um öffentlich zu streiten. In den Chefetagen dieser Unternehmen hat man begriffen, öffentliche Veranstaltungen müssen, sollen sie dem Veranstalter nutzen, der

Öffentlichkeit etwas bieten. Öffentlichkeitsarbeit wird als Managementaufgabe angesehen; sie ist nicht bloß Umsetzung von Vorstandsbeschlüssen. Anders formuliert: Öffentlichkeitsarbeit muß aus der Vereinsarbeit etwas machen. Das gelingt in dem Maße, wie *in* der Arbeit Anlässe für Öffentlichkeitsarbeit entdeckt werden.

Anlässe nutzen

Die Chance, öffentlich wahrgenommen zu werden, steigt, wenn Sie sich auf Themen beziehen, die bereits in der öffentlichen Diskussion sind. Wenn Sie solche Themen *aufgreifen* und auf Ihre Vereinsarbeit beziehen, können Sie in Ihrer Stadt oder Gemeinde Themen *setzen*. Notwendig dafür ist ein wenig Phantasie und die Bereitschaft sich einzumischen. Ich spiele diesen Vorschlag an einem Beispiel durch.

Gesundheits- und Sozialpolitik ist zu einem »Dauerbrenner« geworden. Ständig werden neue Gesetze, Erlasse und Regelungen verabschiedet, die sehr viele Menschen betreffen. Und – ob Pflegeversicherung oder »Gesundheitsstrukturreform« – es wird immer schwerer, den Überblick zu behalten. Vereine, die in diesem Bereich arbeiten, sollten nicht nur intern über Verschlechterungen klagen, sondern diese Themen zum Anlaß für Öffentlichkeitsarbeit nehmen.

Ist der Informationsbedarf über ein Thema groß, kommen Angebote gut an, die diesen Bedarf befriedigen. Das kann ein Vortrag sein. Es geht aber auch origineller: Eine *Anhörung* von Expertinnen und Experten bietet Interessierten mehr Möglichkeiten, unterschiedliche Sichtweisen kennenzulernen und gezielt zu fragen. Sie können auch eine *»Hot-Line«* einrichten: Fachleute beantworten am Telefon Fragen – zu einem neuen Gesetz oder wie man sich vor einer Grippewelle schützen kann. Dafür brauchen Sie nicht mehr als einen Telefonanschluß

47

(ein zweiter oder dritter Anschluß kann für einen Tag gemietet werden).

Nehmen Sie Stellung, wenn in Bonn Pflegeleistungen gekürzt oder in Ihrer Stadt Zuschüsse gestrichen werden. Sie können

- eine sozialpolitische Fehlentscheidung oder bürokratischen Unverstand als *Hammer des Jahres* oder mit dem *Schnarchsack des Monats* »prämieren« und in der Begründung für die Preisverleihung ausführlich und sachlich informieren;
- zusammen mit anderen Vereinen in einem *Aufruf* gegen Kürzungen im Gesundheitswesen protestieren und Alternativen vorstellen;
- in *Leserbriefen* auf die Konsequenzen für die Betroffenen hinweisen;
- ein Forum für Meinungsäußerungen zur Verfügung stellen: Sie mieten für eine Dekade (10 bis 12 Tage) zwei oder drei Plakatwände an zentralen Stellen und lassen sie weiß plakatieren. Alle Bürgerinnen und Bürger können auf diesen Großflächen ihre Meinung aufschreiben;
- Plakatflächen bestimmten Personen bzw. Einrichtungen mit der Aufforderung zur Verfügung stellen, ihre Vorstellungen – von Sicherheit im Alter oder einer humanen Medizin – in Wort und Bild auszudrücken: Schulklassen, einem Zeichenkurs der Volkshochschule, einer bekannten Künstlerin in der Stadt usw.;
- vor Wahlen die Kandidatinnen und Kandidaten der verschiedenen Parteien auffordern, zu den zentralen Fragen und Problemen Ihrer Arbeit Stellung zu nehmen.

Anlässe schaffen

Für bestimmte Themen und Probleme interessieren sich nur bestimmte Menschen. Will ein Verein über den Kreis der Interessierten hinaus Menschen ansprechen, müssen Anlässe geschaffen werden, um ins Gespräch zu kommen und im Gespräch zu bleiben. *Event-Marketing* nennt das die Werbeszene: Ein Autohaus engagiert einen (meist mittelmäßigen) Popstar und einen Zauberer, die Bratwurst und das Bier kosten nur eine Mark – und »nebenbei« kann das Publikum einen Blick auf die neuen Modelle werfen.

Auch Vereine sollten Ereignisse schaffen, um auf sich aufmerksam zu machen, um Menschen und Medien einzuladen. Allerdings sollten Sie sich dabei nicht auf das Niveau der *events* von Autohäusern oder Baumärkten begeben: Billige Bratwürste machen nicht neugierig, und ein gewöhnlicher Zauberer schafft keine Medienresonanz. Sollen Menschen interessiert werden und nicht nur konsumieren, muß das Ereignis das Vereinsprofil ausdrücken.

Das muß nicht immer der Vortrag, Basar, die Ausstellung oder eine andere Veranstaltung sein, die unmittelbar mit der Vereinsarbeit zusammenhängt. Kontraste fallen auf. Schon ein Ortswechsel kann einen Kontrast schaffen (statt im Seniorenheim im Schwulenzentrum, statt im Jugendzentrum in einer Fabrik, statt in den Vereinsräumen . . .).

Ideal sind solche Anlässe, die dem Verein und anderen nützen – zum Beispiel Nachwuchsförderung: Ein Verein versucht sich nicht selbst an einem neuen Erscheinungsbild und beauftragt auch keine Agentur, sondern veranstaltet einen Wettbewerb, an dem sich junge und angehende Graphikerinnen und Graphiker beteiligen können. Das ist ebenso eine Meldung wert wie die Ausstellung der Ergebnisse einschließlich Preisverleihung.

Oder: Es wird ein (bescheidener) Preis für den besten Aufsatz einer Schülerin oder eines Schülers über ein interessantes Thema ausgeschrieben und (Lokal-) Prominenz für die Jury gewonnen.

Ein Verein kann auch als Förderverein auftreten und, zum Beispiel, einen thematisch ausgerichteten Flohmarkt organisieren. Die Standgebühren werden an *terres des hommes*, *amnesty international* oder ein kommunales Projekt überwiesen.

Es bedeutet zusätzliche Arbeit, Anlässe für Öffentlichkeitsarbeit zu schaffen – Arbeit die lohnt, weil öffentliche Resonanz belohnt. Wenn diese Arbeit Routine durchbricht, kann sie auch Spaß machen und so die interne Öffentlichkeit motivieren.

2. Schreiben für Presse- und Öffentlichkeitsarbeit

Presse- und Öffentlichkeitsarbeit ist viel Schreibarbeit: Für die Vereinszeitung einen Bericht schreiben, für die Lokalzeitung einen Leserbrief, für den Mitgliederrundbrief eine Einladung, an Interessentinnen einen Brief, an die Presse eine Einladung zur Eröffnung neuer Räume. Und das ist längst noch nicht alles. Selbstdarstellungen und Anzeigentexte müssen geschrieben werden, Pressemitteilungen und Flugblätter, Broschüren und anderes mehr.

Presse- und Öffentlichkeitsarbeit ist zu einem großen Teil über Texte vermittelte Kommunikation. Texte sind zentrales Element jedes Auftritts; sie sind ein Spiegel der Corporate Identity. Texte können die Reputation eines Vereins fördern oder einschränken, sie können sein Profil schärfen oder verwässern, sie können Vertrauen schaffen oder nicht. Gute Texte sind also eine Bedingung für erfolgreiche Kommunikation. Was sind gute Texte?

Gute Texte sind Texte, die gelesen werden, weil sie
• verständlich sind und keine Rätsel aufgeben,
• Interesse wecken und nicht langweilen,
• neugierig machen und nicht abschrecken.

Verständliche und interessante Texte sind wichtig für eine erfolgreiche Presse- und Öffentlichkeitsarbeit. Verständlich und interessant zu schreiben, fällt vielen schwer. Vielen graust es vor dem Schreiben. Das ist nicht verwunderlich. Weder in der Schule noch an der Hochschule konnte und kann man es lernen. Vor allem Hochschulen sind Orte, an denen eine »akademische Prosa« gepflegt wird, die es immens erschwert, verständlich und interessant zu schreiben.

Was braucht es, um gute Texte zu schreiben? Dreierlei:

1. Man muß sich trennen von akademischer Prosa, von Sozialpädagogen-, Soziologinnen- oder anderem Fachjargon und von Bürokratendeutsch, das beim Umgang mit Ämtern und Behörden auf den eigenen Stil abgefärbt hat.

2. Die Einsicht, daß Schreiben schreiben für andere ist: Beim Schreiben für die Presse- und Öffentlichkeitsarbeit kommt es darauf an, die potentiellen Leserinnen und Leser vor Augen zu haben: Was mag sie interessieren, neugierig machen, überzeugen? Oder noch grundlegender: Was kann ich tun, damit sie meinen Text lesen? Lyriker oder Schriftstellerinnen mögen sich als unverstandene Größen gefallen. In der Presse- und Öffentlichkeitsarbeit kann man sich mit dieser Attitüde nicht herausreden, denn jeder schlechte Text ist eine verpaßte Kommunikationschance.

3. Schließlich sind ein paar Grundregeln zu beachten, um die es in diesem Kapitel geht.

Ich gehe zunächst auf die Grundvoraussetzungen für gute Texte ein: die Wortwahl, den Satzbau und die Frage, wie baue ich einen Text auf, und wie fange ich an? Es folgen Hinweise, was bei bestimmten Textformen beachtet werden sollte: Wie schreibt man einen ansprechenden Brief? Wie textet frau eine gewinnende Selbstdarstellung, wie bringt man einen interessanten Artikel für die Lokalzeitung zu Papier? Was ist bei einem Leserbrief, einer Anzeige und anderen Textformen zu berücksichtigen?

Ich gebe Ihnen eine Erfahrung mit auf den Weg durch dieses Kapitel: Gute Schreiberinnen und Schreiber sind vor allem gute Umschreiberinnen und Umschreiber. Auch Profis gelingen nicht auf Anhieb verständliche und interessante Texte. Da sie das wissen, quälen sie sich nicht mit dem Schreiben, sondern produzieren einen ersten (zweiten, dritten) Entwurf, aus dem ein gelungener Text werden kann. Wenn es Ihnen gelingt, diese Haltung einzunehmen, können Sie sich sehr viel gelassener ans Schreiben machen. Es beruhigt zu wissen, daß verbessert werden kann (und muß), was im ersten Durchgang zu Papier gebracht wurde. Wie bzw. was Sie verbessern können, wissen Sie am Ende dieses Kapitels.

2.1 Kurz und prägnant, konkret und anschaulich: Wörter und Sätze

Wenn sich in der städtischen Grünanlage die Flora aufgrund ergiebiger Niederschläge positiv entwickelt, dann haben wir was? Einen scheußlichen Satz, das Gegenteil von kurz und prägnant, konkret und anschaulich. Wenn nach einem Regenschauer im Stadtpark alles blüht, dann freue ich mich über die Natur und die Formulierung.

2.1.1 Wörter

Diese zwei Varianten derselben Sache zeigen: Ich kann mit einfachen Worten einen Sachverhalt treffend und anschaulich ausdrücken. Und ich kann mit schwergängigen, aufgeblasenen und leblosen Wörtern das Gegenteil erreichen. Auf welche Wörter es vor allem ankommt, darum geht es in diesem Abschnitt.

Verben, Verben, Verben

Es sind vor allem Verben, die Texte konkret und anschaulich machen, die ihnen Farbe geben und Leben einhauchen. Sie machen rund ein Viertel unseres Wortschatzes aus. In vielen Texten führen sie ein Schattendasein. Substantive verdrängen sie und entziehen Texten Farbe und Leben. Werfen Sie einen kritischen Blick auf die Pressemitteilung des Netzwerks Ostend, die ich bereits in der Einleitung zitiert habe:

> »Die Versorgung alter und kranker Menschen ist gefährdet
> Netzwerk Ostend: ein konstruktives Lösungsmodell
>
> Das Netzwerk Ostend ist eine Arbeitsgemeinschaft verschiedenster Einrichtungen der Altenarbeit. Die mitarbeitenden Re-

präsentantInnen der unterschiedlichsten Institutionen stellten ihre Vorschläge zur *Verbesserung* der Situation alter Menschen den zuständigen BezirkspolitikerInnen und Bundestagsabgeordneten vor.

Es wurden u. a. angesprochen:

• *Einrichtung* eines pflegerischen Notdienstes;
• *Schaffung* von Transparenz über das vorhandene Angebot, z. B. in Form eines Stadtteilführers;
• *Unterstützung* von pflegenden Angehörigen durch Schulung und Beratung.

Der Sozialdezernent Herr Dehm, der Bundestagsabgeordnete Herr Pfeifer sowie die VertreterInnen der Bezirksfraktionen zeigten sich beeindruckt von der kooperativen Zusammenarbeit und wollen das Netzwerk auch in Zukunft unterstützen.«

In diesem Text feiert die Substantivitis fröhliche Urstände: Verben wie verbessern, einrichten, schaffen, unterstützen, wurden (mit der Endung *ung*) substantiviert, in Hauptwörter umgewandelt. Substantiv folgt auf Substantiv. Das Ergebnis ist ein trockener und schwerfälliger Nominalstil, den wir aus Behörden und Amtsstuben kennen. Man kann sich nur schwer vorstellen, daß das Netzwerk ein »konstruktives Lösungsmodell« ist. Es entsteht vielmehr der Eindruck, daß es sich hier um schwerfällige Bürokraten handelt; von Dynamik ist – jedenfalls in diesem Text – nichts zu spüren. Er ist eine schlechte Visitenkarte.

Anders liest sich der Text, wenn die ursprünglichen Verben eingesetzt werden:

MitarbeiterInnen des Netzwerk Ostend, einer Arbeitsgemeinschaft verschiedener[1] Einrichtungen der Altenarbeit, erläuterten BezirkspolitikerInnen und Bundestagsabgeordneten ihre

---

1 Verschiedener genügt, die Einrichtungen sind nicht verschiedenst.

Vorstellungen, wie die Situation alter Menschen *verbessert* werden kann.

Das Netzwerk informierte unter anderem darüber,

- wie ein Pflegenotdienst *eingerichtet* werden und
- das Angebot überschaubar *gemacht* werden kann,[2]
- wie pflegende Angehörige durch Schulung und Beratung *unterstützt* werden können.

»Ich kam, sah und siegte«, soll Cäsar gesagt haben. Dieser Satz läßt sich auch anders formulieren: Nach Erreich*ung* der hiesigen Örtlichkeiten und Besichtig*ung* derselben war mir die Erring*ung* des Sieges möglich. Bloß, wer glaubt das, wenn es so formuliert wird?

Man kann schreiben: »Erst kommt der Wald zu Tode, dann scheidet der Mensch aus dem Leben.« Populär würde solch ein Satz nie. Anders der Slogan aus der Umweltbewegung »Erst stirbt der Wald, dann stirbt der Mensch.«

»Als Frau wird man häufig vor die Notwendigkeit einer Entscheidung zwischen Kinderwunsch und Beruf gestellt.« Dieser Nominalstil schwächt einen gesellschaftlichen Skandal ab. Die folgende Formulierung gibt diesem Mißstand den richtigen Ausdruck: »Frauen müssen sich häufig zwischen Kinderwunsch und Beruf entscheiden.«

Der Schulstadtrat mag schreiben: »Bei Unterbleiben der sofortigen Inangriff*nahme* des Schulbaus wird der Stadt großer Schaden erwachsen.« Wenn Sie deutlich machen wollen, daß Ihr Verein sich dafür *einsetzt*, daß die Schule sofort gebaut wird, wenn Ihre Initiative Probleme *anpackt*, Ihr Projekt etwas *bewegt*, wenn Ihr Verband sich für Menschen *engagiert*, dann lassen Sie das auch in Ihren Texten erkennen – durch Verben.

Der Nominalstil ist schwerfällig. Und in der Regel ist ein Text

---

2 Wenn es ein Angebot gibt, dann ist es immer vorhanden – ein *vorhandenes* Angebot ist ein Doppelmoppel.

auch um so schwerer zu verstehen, je weniger Verben er enthält. Deshalb die Empfehlung: Vermeiden Sie Substantivierungen. Vermeiden Sie die Inaugenschein*nahme* und Inangriff*nahme,* die Inbetrieb*nahme* und Rücksicht*nahme,* die Errei*chung* und Find*ung,* die Beinhalt*ung* (die häufig Bein-Haltung gelesen wird) und Erteil*ung,* die Mittelaufbring*ung* und andere Substantivierungen.

Nur wenn etwas regelmäßig und routiniert geschieht, ist ein Hauptwort angebracht, zum Beispiel: die *Zubereitung* der Mahlzeiten, die *Reinigung* des Schornsteins oder die *Ziehung* der Lottozahlen.

Wenn etwas getan wird oder getan werden soll, dann sollte das auch durch Tätigkeitswörter ausgedrückt werden. Substantive stehen für Gegenstände und regelmäßige, gleichförmige Vorgänge. Sind Sie unsicher, ob Sie ein Verb oder ein Substantiv wählen sollen, entscheiden Sie sich für das Verb.

Mein Plädoyer für Verben ist ein Plädoyer für »echte« und gegen Funktionsverben. Das sind Verben, die nicht ohne Substantive auskommen. Einige Beispiele:

- unter Beweis stellen statt beweisen
- Beachtung schenken   beachten oder kümmern
- zum Vorwurf machen   vorwerfen
- in Verlust geraten   verlieren
- in Augenschein nehmen   betrachten, ansehen oder
                             untersuchen

Funktionsverben, auch Streckverben genannt, machen Texte dröge. Wichtiger noch ist: Sie laden zu Schachtelsätzen ein. Zwei Beispiele:

Frau Wortmann *schenkt,* das ist zum einen Ausdruck ihres Selbstverständnisses als Pädagogin und zum anderen ihres Verständnisses von demokratischer Wissenschaft, allen Teilnehmerinnen und Teilnehmern ihrer Lehrveranstaltungen, gleich, ob sie am Fachbereich eingeschrieben sind oder nicht, *Beachtung*.

Herr Wortmann *stellte* gestern im überfüllten Gemeindehaus von Stockstadt auf einer Veranstaltung, die der Verein *Frauen helfen Frauen* organisiert hatte, in der Diskussion über die Rechte von Frauenbeauftragten in der Kommune nicht nur seine juristischen Sachkenntnisse, sondern auch sein Engagement für die Gleichberechtigung von Frauen *unter Beweis*.

Nach 32 bzw. 42 Worten erfahren die Leserinnen und Leser, was Frau Wortmann *schenkt* und Herr Wortmann *stellt*. In der Zwischenzeit rätseln sie: *Schenkt* Frau Wortmann vielleicht

• den Teilnehmerinnen und Teilnehmern 10 DM?
• allen Kaffee ein?
• endlich reinen Wein ein?

Stellt Herr Wortmann

• unsinnige Behauptungen auf?
• seine neue Partnerin vor?
• alles auf den Kopf?

Der erlösende zweite Teil des Streckverbs steht am Satzende. Die Lesenden sind bei solchen Satzkonstruktionen häufig so angestrengt damit beschäftigt, die Satzaussage (Beachtung schenken, unter Beweis stellen) zu erfassen, daß der Satz nicht verstanden wird oder ein falscher Zwischensinn entsteht. Falscher Zwischensinn meint: Mit der ersten Hälfte eines Streckverbs oder eines zusammengesetzten Verbs verbindet sich eine andere Bedeutung. Ein einfaches Beispiel: Peter *versagte* (oh weh, der Ärmste!) dem Vorschlag des Chefs *die Zustimmung*. Bei einem so kurzen Satz entstehen keine Verständnisschwierigkeiten. Die Beispiele mit Herrn und Frau Wortmann zeigen jedoch, daß Funktionsverben zu schwer verständlichen Monstersätzen verführen. Deshalb, und weil Funktionsverben meist zu steifen Formulierungen führen, rate ich von diesen unechten Verben ab.

Schreiben Sie also nicht: »In allen Veranstaltungen *besteht* für Jugendliche *die Möglichkeit,* sich mit der Suchtthematik auseinanderzusetzen und sich über Alternativen zum Suchtmittelgebrauch zu informieren.«

Schreiben Sie: »In allen Veranstaltungen *können* sich Jugendliche mit der Suchtthematik auseinandersetzen und...«

Oder besser noch: »In allen Veranstaltungen können sich Jugendliche mit dem Thema Sucht auseinandersetzen und sich über Alternativen zu Zigaretten, Alkohol, Haschisch und anderen Drogen informieren.«[3]

Die dritte Empfehlung lautet: Imponier- und Spreizverben vermeiden. Das sind Bürokraten-Verben wie *bewirken* und *bewerkstelligen, vergegenwärtigen* und *beinhalten*. Sie machen einen Text holprig und steif.

»Das Buch beinhaltet viele anregende Überlegungen. Es vergegenwärtigt uns, daß viele Probleme noch ungelöst sind.« Sätze wie dieser sind der verunglückte Versuch, sich »gewählt« auszudrücken. Ich empfehle, lieber schlicht und treffend zu schreiben: »Das Buch enthält viele anregende Überlegungen, die deutlich machen, daß noch viele Probleme ungelöst sind.«

Zu den Imponier- und Spreizverben zähle ich auch alle Verben mit überflüssigen Vorsilben: *ab*ändern, *ab*klären, *ab*mildern, *ab*sichern, *ab*sinken, *ab*stützen, *ab*zielen, *an*kaufen, *an*liefern, *an*mieten, *an*raten, *auf*füllen, *auf*spalten, *auf*zeigen usw.

Ändern ist ändern und mieten ist mieten. Die Vorsilben *ab* oder *an* sind nichts anderes als ein krampfhafter Versuch, ein Verb aufzublasen. Das mag modern sein, guter Stil ist es nicht.

---

3 Ich erläutere diese Veränderung auf der Seite 60.

Silbenschleppzüge

Zur Kategorie der Imponierwörter, die das Lesen erschweren und Texte farblos machen, gehören auch Silbenschleppzüge, zusammengesetzte Substantive wie Suchtmittelgebrauch, Friedensforschungsmittel und Freizeitgestaltungsmöglichkeiten, Gesundheitsförderungsprogramme.

Modern ist auch der Unsinn, schlichte, aber treffende Substantive aufzublähen: aus der Antwort wird die Rückantwort und aus der Erinnerung die Rückerinnerung, die Aufgabe wird zur Aufgabenstellung, Ziele verwandeln sich in Zielsetzungen, Zielstellungen oder Zielprojektionen, aus einem Thema wird schnell eine Thematik und aus einem Problem häufig eine Problematik usw.

Verwenden Sie, wenn möglich, kurze Wörter. Sie erleichtern das Verständnis, und sie sind in der Regel geläufiger und anschaulicher.

Statt: »In allen Veranstaltungen besteht für Jugendliche die Möglichkeit, sich mit der *Suchtthematik* auseinanderzusetzen und sich über Alternativen zum *Suchtmittelgebrauch* zu informieren.« Besser: »In allen Veranstaltungen können sich Jugendliche mit dem Thema Sucht auseinandersetzen und sich über Alternativen zu Zigaretten, Alkohol, Haschisch und anderen Drogen informieren.«

Nicht: »Aufgrund *ergiebiger Niederschläge* entwickelt sich die Flora in der *städtischen Grünanlage* positiv.« Sondern: »Nach dem Regenschauer blühen im Stadtpark alle Pflanzen.«

Fremdwörter

Verfügen Sie über genügend kommunikative Kompetenz, um in einem Diskurs latente Spannungen und manifeste Dissonanzen nicht nur zu registrieren und affektiv zu bewältigen, sondern sie auch produktiv zu einem Konsens zu führen, der eine Diskurskontinuität gewährleistet? Oder treten in solchen Situationen mündlicher Textproduktion bei Ihnen Realitätsmystifzierungen auf, die Sie daran hindern, die konfliktären Faktoren des Diskursprozesses, die Attribuierungen, die transrationalen Vorgänge, die Ambivalenzen und Aggressionen zu reflektieren und zu verbalisieren?

Wer so schreibt, schreibt unnötig kompliziert. Wer so schreibt, hat kein Interesse, anderen etwas mitzuteilen. Wer so schreibt, will imponieren oder einschüchtern – aber nicht kommunizieren. Ich will nicht für eine Deutschtümelei plädieren. *Plädieren* ist ein Fremdwort, das Ihnen vertraut ist. Die Zeiten, in denen aus einem Patienten ein *Kränkling* werden sollte, sind zum Glück vorüber. Bleiben wir Patienten, frankieren wir unsere Briefe (statt sie freizumachen) und setzen wir uns an den Computer (statt an die *elektronische Rechenanlage*).

Es wäre Unsinn, Fremdwörter um jeden Preis vermeiden zu wollen. Sie sind angebracht,

1. wenn sie verständlich sind, sich in der Umgangssprache eingebürgert haben: Sie können voraussetzen, daß *Computer* ebenso (richtig oder falsch) verstanden wird wie *elektronische Rechenanlage* (so übersetzt der Fremdwörter-Duden);

2. wenn sie verständlich und treffend sind: *Ironie* und *Humor* sind zwei verständliche Fremdwörter, die verschiedene Sachverhalte bezeichnen. Beide Worte können nicht durch ein deutsches Wort mit der gleichen treffenden Bedeutung ersetzt werden;

3. wenn es ein entsprechendes deutsches Wort nicht gibt: Die *Psyche* ist nicht dasselbe wie die *Seele*. Für die englischen *Colleges* gibt es keine angemessene deutsche Übersetzung;

4. wenn Lokalkolorit vermittelt werden soll: Die *Datscha* ist zwar ein *Wochenend-* bzw. *Ferienhaus*, doch diese Übersetzung trifft nicht diesen Wunschtraum vieler Menschen in Rußland (und in der ehemaligen DDR, wo »Datscha« fester Bestandteil der Alltagssprache war);

5. wenn es auf der gleichen Stilebene kein passendes deutsches Wort gibt: *Schwul* ist vielfach noch ein Schimpfwort. Und so lange dies so ist, bleibt nur das Fremdwort *homosexuell*.

Prüfen Sie stets, wenn der erste Entwurf Ihres Textes fertig ist, ob das deutsche Wort oder das Fremdwort besser paßt. Das Fremdwort muß verständlich und treffend sein.

Wer auf Fremdworte verzichtet, wählt damit nicht notwendig verständliche Worte. Ich verdeutliche das an drei Beispielen:

• Aus einer Selbstdarstellung eines Vereins für Gesundheitshilfe: »Das Ziel unserer Arbeit ist es, die Bedürfnisse alter, kranker, behinderter Menschen aufzugreifen und zum Gegenstand unseres Handelns zu machen. Wir wollen den genannten Bevölkerungsgruppen so lange und so weit wie möglich ein selbständiges Leben in ihrer vertrauten Umgebung ermöglichen. Wir orientieren uns an einem ganzheitlichen Menschenbild. Der Mensch ist eine Einheit aus Körper, Seele und Geist, eingebunden in sein soziales Umfeld und geprägt durch seine Lebensgeschichte.«

• Aus einer Pressemitteilung einer Drogenberatungsstelle: »Auch Eltern und anderen Bezugspersonen werden Informationen und Anregungen vermittelt, die einer möglichen Suchtentwicklung bereits frühzeitig entgegenwirken können.«

• Aus einer Veranstaltungsankündigung einer freien Kunsthochschule: »Über bildnerisches Selbsttun sollen Erkenntnisse über die subtilen Qualitäten der sozialen Lebenswelt erfahrbar gemacht werden. Es werden keine Vorkenntnisse erwartet.«

Von den »subtilen Qualitäten« im dritten Beispiel einmal abgesehen, wird auf Fremdwörter völlig verzichtet. Selbst *Psyche* wird durch *Seele* und *Geist* popularisiert. Trotzdem sind viele Begriffe in dem Sinne *Fremd*-Wörter, daß ihr Bedeutungszusammenhang vielen Menschen fremd ist. Das *ganzheitliche Menschenbild* ist vielen ebensowenig geläufig wie *Bezugspersonen* oder *bildnerisches Selbsttun*. Das sind Fachtermini, die

- entweder Kennerinnen und Kennern signalisieren sollen, hier geht es irgendwie »waldorfmäßig« zu – und *ganzheitlich* oder *Selbsttun* reicht als Signal;
- oder auf Gedankenlosigkeit oder Faulheit schließen lassen: Ich habe keine Lust mir zu überlegen, wen ich mit *Bezugspersonen* meine.

Wenn die freie Kunsthochschule ihren Adressatenkreis nicht erweitern möchte, ist gegen *subtiles Selbsttun* und *bildnerische Qualitäten* (oder umgekehrt) nichts einzuwenden. Warum dann aber der Hinweis, daß keine Vorkenntnisse erwartet werden? Und wenn die Drogenberatungsstelle nicht alle Erwachsenen ansprechen will, sondern nur Bezugspersonen, lohnt es nicht, einen besseren Text zu schreiben, in dem es z.B. heißen müßte: »Erwachsene erhalten Informationen und Anregungen, *wie sie* …«, denn nicht die Informationen und Anregungen, sondern die Erwachsenen können etwas tun gegen eine *mögliche Suchtentwicklung*, die auch sprachlich verhindert werden sollte.

Wenn sich diese Einrichtungen mehr öffentliche Resonanz wünschen, sollten sie ihren Fachjargon durch anschauliche und geläufige Ausdrücke ersetzen – zum Beispiel Bezugspersonen schlicht durch Erwachsene. Und der Verein für Gesundheitshilfe sollte bei einer Neuauflage seiner Selbstdarstellung mindestens den ersten Satz überarbeiten. Ist es wirklich sein *Ziel*, *Bedürfnisse* alter, kranker, behinderter Menschen aufzugreifen und *zum Gegenstand* des *Handelns* zu machen? Oder soll gesagt werden: Wir kümmern uns um alte, kranke und behinderte Menschen (bzw., wenn es denn sein muß: Die Bedürfnisse alter, kranker und behinderter Menschen stehen im Mittelpunkt unserer Arbeit)?

Phrasen und Schwulst

Ich komme noch einmal auf die Pressemitteilung des Netzwerks Ostend zurück. Im letzten Absatz heißt es: »Der Sozialdezernent Herr Dehm, der Bundestagsabgeordnete Herr Pfeifer sowie die VertreterInnen der Bezirksfraktionen zeigten sich beeindruckt von der kooperativen Zusammenarbeit und wollen das Netzwerk auch in Zukunft unterstützen.«

Sich beeindruckt zeigen ist eine Phrase, pathetische Politikersprache, Schwulst. Wie sahen die Damen und Herren aus, als sie *sich beeindruckt zeigten*? Wenn es, warum auch immer, sein muß, genügt: »Die ... waren beeindruckt«.

Sie zeigen sich, vermute ich, nicht von einer Pizza oder einem Spielfilm beeindruckt. Eine Pizza schmeckt Ihnen und ein Film gefällt Ihnen oder amüsiert Sie. Beeindruckt hat Sie vielleicht die Kameraführung oder die Hauptdarstellerin. Anders formuliert: Wählen Sie das treffende Wort, um einen Sachverhalt auszudrücken, vermeiden Sie Phrasen und Schwulst – zum Beispiel: nackte (oder reine) Wahrheit, die brennenden Fragen und weitreichenden Beschlüsse, die vollendeten Tatsachen und vorrangigen Anliegen, die eingehenden Beratungen und tiefgreifenden Veränderungen, die schwerwiegenden Eingriffe und unausbleiblichen Folgen.

Schreiben Sie, was Sache ist, klar, direkt und verständlich.

Überlassen Sie es den Autoren des neuen KKK[4] sexuelles Verlangen zu übersetzen in »Regung des sinnlichen Strebevermögens« und nur der »leiblichen Vereinigung« das Prädikat sündenfrei zu verleihen, die »Vollzug des *ehelichen* Aktes« ist. Vermeiden Sie Phrasen und Schwulst. In den Worten Schopenhauers: »Man gebrauche gewöhnliche Worte und sage ungewöhnliche Dinge.«

Bilder

Bilder können einen Text anschaulich machen. Eine Metapher kann einem Text Kraft geben. Zuviel des Guten schadet in jedem Falle. Und: Bilder verblassen. Die *Spitze des Eisbergs* war einmal ein originelles Bild. Mittlerweile haben wir diese Formulierung hundertmal und mehr gelesen oder gehört. Sie ist langweilig geworden. Auch Bilder bzw. Metaphern wie *des Kaisers Bart* oder *das Kind mit dem Bade ausschütten* sind nicht mehr originell und erzeugen eher Überdruß als Lesevergnügen. Sie verfehlen also ihren Zweck.

Werner Raith[5] empfiehlt, solche Bilder nur dann zu verwenden, wenn man sie originell weiterführen kann. Er zitiert folgendes Beispiel aus einem Kommentar: »Diesmal genügte es der Regierung offenbar nicht, das Kind mit dem Bade auszuschütten; diesmal soll dem Kind auch noch Seife in die Augen gerieben werden.«

Es erfordert Arbeit, treffende Bilder zu finden. Selbst Vielschreiber greifen häufig daneben: »Auf dem Pferdemarkt wechselten nach alter Sitte zahlreiche Vierbeiner mit einem Hand-

---

4 Katechismus der Katholischen Kirche. 1993 (verschiedene Verlage).
5 Gut schreiben. Frankfurt/Main, New York 1988, S. 112.

schlag ihren Besitzer.« Ich weiß nicht, ob sie das mit den Vorder- oder Hinterhufen gemacht haben. Ich weiß jedoch: Mit falschen Bildern kann man sich leicht blamieren.

Mit Bildern läßt sich großer Unsinn anrichten, wenn man sie mischt. Ich führe nur einige solcher Stilblüten an, die durch Bildermischungen entstehen: »Dem *Schweinswürstchen* bläst der *Wind des Zeitgeistes* ins *Gesicht*«, wurde vom Münchner Oktoberfest gemeldet. Manche hauen *mit scharfer Zunge* auf den *Putz* oder meinen, der *Zahn der Zeit* habe schon manche *Träne getrocknet*, und im Gesundheitsmagazin *Elan* war zu lesen: »Die *Prostata* ist die *Achillesferse* der reifen Jugend.«

Setzen Sie deshalb Bilder nicht um jeden Preis ein. Verwenden Sie Bilder nur dann, wenn sie einen Vorgang oder Sachverhalt wirklich anschaulicher machen. Vermeiden Sie Bilder, wenn sie zu Mißverständnissen führen können.

Adjektive

Mit dem Adjektiv verhält es sich wie mit vielen Dingen im Leben: In Maßen ist es nützlich, hilfreich und belebend.
- Adjektive dienen zur Unterscheidung bzw. Verdeutlichung: das *grüne* Fahrrad (nicht das *gelbe),* ein *moralisches* Gebot (kein *juristisches).*
- Adjektive werden gebraucht, um etwas zu bewerten: ein *interessantes* Buch (kein *langweiliges).*
- Adjektive können Vorgänge und Situationen anschaulicher machen: *bedrückende* Stille, *gelassene* Heiterkeit, *mühsam* bewegten sie sich vorwärts, *plötzlich* kam ihr der Gedanke.
- Mit Adjektiven können Überraschungen erzielt werden: »Die Königin fletschte *huldvoll* die Zähne.«[6] »Der König fummelte sich *souverän* im Gesicht herum.«

---

6 Dieses und das folgende Beispiel stammen von Wolf Schneider: Deutsch für Profis. München 1985, S. 43.

Damit Adjektive ihre nützliche, hilfreiche und belebende Wirkung entfalten können, müssen Sie sorgfältig prüfen, ob ein Adjektiv notwendig und passend ist. Wenn ein »Lehrer, jünger aussehend«, in einer Anzeige eine Frau sucht, die »lebendig und anschmiegsam« ist, dann hat er sich in den Adjektiven vergriffen. Welcher Lehrer wollte sich an eine Frau schmiegen, die nicht *lebendig* ist? Gemeint ist hier wohl: *lebhaft.* Und die Ergänzung der Berufsangabe (*jünger aussehend*) läßt allenfalls auf ein schlechtes Image von Lehrern schließen.

Und der »pflegerische Notdienst«, den das Netzwerk Ostend einrichten möchte, ist ein sprachlicher Pflegefall. Ein solcher Notdienst kann notwendig und hilfreich sein, er kann effizient oder ineffizient arbeiten – er kann aber nicht *pflegerisch* sein. Schamhaare sind keine *schamhaften* Haare, ein Frauenhaus ist kein *frauliches* Haus. Es ist zwar weitverbreitet, den ersten Teil eines zusammengesetzten Hauptwortes in ein Adjektiv zu verwandeln, Sprachmurks bleibt es trotzdem. Machen Sie sich also keine ökologischen Gedanken, sondern kümmern Sie sich um unsere Umwelt. Überlegen Sie nicht lange, ob Sie in den zivildienstlichen Bereich gehen sollen, entscheiden Sie sich für den Zivildienst.

Auf einen sorgfältigen Umgang mit Adjektiven sollten Sie vor allem dann achten, wenn Sie ein Adjektiv steigern. Wo Dinge an den Mann oder die Frau gebracht werden sollen, wo der Verkauf zählt, regieren der Komparativ und vor allem der Superlativ, die Steigerung des Adjektivs. Da »wäscht YXZ so weiß, *weißer* geht's nicht«. Und es wird vom »*weißesten* Weiß meines Lebens« geschwärmt. Alles (sprachlicher) Unsinn, den kein vernünftiger Mensch glaubt. Der Superlativ ist unseriös, marktschreierisch. Verwenden Sie ihn deshalb sehr sparsam. Sie ersparen sich und anderen einen schlechten Stil und Dummheiten wie optimal*ste* Bedingungen, in kein*ster* Weise, extrem*ste* Ansichten oder minimal*ste* Übereinstimmungen. Um Aufmerksamkeit zu wecken, wird auch schon mal der falsche Teil eines zusammengesetzten Adjektivs gesteigert: bestgeordnet*ste* Verhältnisse, bestangezogen*ster* Mann, meistgelesen*ste* Autorin. Gemeint sind bestens geordnete Verhältnisse, der am besten angezogene Mann, die am meisten gelesene Autorin. Das wäre grammatisch richtig. Aber wer würde sich schon trauen, solche eindeutigen Behauptungen aufzustellen?

Die Suche nach Sensation trieb folgende Stilblüte hervor: der zusehends schmalbrüstig*ere* linke Flügel der Partei. Versuchen Sie einmal, sich diesen »schmalbrüstigeren« linken Flügel vorzustellen. Gesagt werden sollte: Der linke Flügel der Partei wird kleiner. Angebracht ist demnach ein Adjektiv, das gesteigert werden kann: klein.

Gehen Sie sparsam mit Superlativen um. Verzichten Sie im Zweifelsfalle auf einen Superlativ (meist genügt ein Komparativ). Und beachten Sie, daß viele Adjektive nicht gesteigert werden können.

Synonyme

Sie haben wahrscheinlich in der Schule gelernt, daß zu einem »guten Stil« ein Wechsel im Ausdruck gehört. Diese Empfehlung ist richtig und wichtig. Es ist langweilig, wenn ich dreimal hintereinander das Wort *machen* lesen muß: »Wir *machen* am 3. Oktober unseren Stadtteilladen in der Beusselstraße auf. Mit diesem Laden können wir künftig ein breiteres Angebot *machen* und laden alle Bewohnerinnen und Bewohner ein *mitzumachen*.« Weniger eintönig ist folgende Formulierung: »Wir *eröffnen* am 3. Oktober unseren Stadtteilladen in der Beusselstraße. Mit diesem Laden können wir künftig unser Angebot erweitern und laden alle ein, das Programm mitzugestalten.«

Die Empfehlung wird falsch, wenn sie absolut gesetzt wird:

Von einem Wechsel im Ausdruck ist dann abzuraten, wenn die Verwendung von Synonymen
1. das Verständnis eines Textes erschwert,
2. zu verbrauchten Bildern und Klischees führt,
3. den Sinngehalt eines Textes verändert.

1. Häufig erschweren Pronomen das Verständnis eines Textes. So wird eine Seminarankündigung des *Männerbüros Göttingen e. V.* durch ein Fürwort zum Rätsel: »Die zentralen Aspekte sind die Fähigkeit zum persönlichen Kontakt und die Entfaltung der eigenen Autorität. *Sie* helfen, Grenzen zu setzen und dadurch mehr Spielraum für zwischenmenschliche Begegnung zu haben. Als Alternative zu autoritärer Distanz einerseits bzw. distanzloser Vertraulichkeit andererseits helfen *sie*, den Kontakt zu Männern ... lebendiger und fruchtbarer zu gestalten.«

Im Johannes-Evangelium heißt es: »Im Anfang war das Wort, und das Wort war bei Gott, und Gott war das Wort.« Dreimal *Wort* und zweimal *Gott* in einem Satz! Das würde jeden Deutschlehrer zur Verzweiflung bringen. Doch dieser Satz ist verständlich – und sehr eindringlich. Das kann für folgende »Übersetzung« nicht gesagt werden, die Wolf Schneider als Warnung vor Synonymen dient: »Am Anfang war das Wort. Es befand sich bei Gott, und letzterer war identisch mit ersterem.«[7]

Ein Text wird steif und schwer verständlich, wenn um jeden Preis Pronomen verwendet werden. Deshalb ist es besser, gelegentlich ein Wort zu wiederholen, als das Verständnis eines Textes durch Pronomen oder andere Synonyme zu erschweren. Das erspart auch Peinlichkeiten: »Von Drogen abhängige *Menschen* halten sich meist dort auf, wo *sie* gespritzt oder geraucht werden.«

---

7 Deutsch für Profis. München 1985, S. 66.

Aus der Zeitung kennen Sie folgende Synonyme: *Bonn* steht für die Bundesregierung, *Washington* für die Regierung der USA. Solche Synonyme sind so lange kein Problem, wie sie allgemeinverständlich sind. Aber wofür stehen der Ballhausplatz oder Daressalam?

Am Ballhausplatz in Wien ist der Sitz der Regierung von Österreich, und Daressalam ist die Hauptstadt von Tansania. Wenn Sie nicht die Allgemeinbildung der Menschen testen wollen, die Ihre Texte lesen sollen, dann verzichten Sie lieber auf solche und ähnliche Synonyme. Sie machen einen Text nicht besser. Synonyme haben häufig nur die Funktion, den Leserinnen und Lesern zu imponieren. Meine Empfehlung lautet dagegen: Beeindrucken Sie mit verständlichen (und interessanten) Texten. Wiederholen Sie ein Wort, wenn es dem Textverständnis dient.

2. Die zwanghafte Suche nach Synonymen führt auch dazu, daß auf verbrauchte Bilder und Klischees zurückgegriffen wird: Das Reh wird in der (Regenbogen-)Presse zum *Bambi*, der Elefant zum *Dickhäuter* oder *Jumbo*, Köln, Wien oder Frankfurt zur *Domstadt, Donau-* bzw. *Mainmetropole*. Der Delphin heißt im zweiten Satz *Flipper*, aus dem Storch wird *Freund Adebar*, auf Kirche folgt *Gotteshaus*. Und so geht es wenig originell weiter: Hase = *Meister Lampe*, Dackel = *Waldi*, Wildschwein = *Schwarzkittel*.

3. Schließlich ist von Synonymen abzuraten, wenn sie den Sinn eines Textes verändern. Für manche Wörter gibt es keine Synonyme. »Er *kippte* das Bier hinunter« sagt etwas anderes als: »Er trank ein Bier«. Für Trinken gibt es keinen passenden Ersatz auf der gleichen Stilebene. Regen ist Regen (ein Oberbegriff). Sprühregen, Nieselregen, Platzregen, Schauer, Wolkenbruch usw. drücken eine jeweils unterschiedliche Intensität von Regen aus – sind also nicht synonym zu verwenden.

2.1.2 Sätze

Ich beginne mit einer Zumutung:

> »Der Stil nun, der Gefahr läuft, durch seine langen verwickelten Sätze selbst den gutmütigsten Leser zu verprellen, tatsächlich doch in seinem Aufbau die komplexe Struktur der sozialen Welt wiederzugeben sucht, und dies mittels einer Sprache, die Disparatestes zu einer – in sich zugleich durch seine rigorose Perspektive hierarchisierten – Einheit fügt, verdankt sich dem Willen, die traditionellen Formen des Ausdrucks aus Literatur, Philosophie und Wissenschaft so weit wie möglich auszuschöpfen, um auf diese Weise nicht nur Dinge zu Wort kommen zu lassen, die bislang daraus de facto oder de jure verbannt waren, sondern auch jedes Abgleiten der Lektüre in die Vereinfachung des weltläufigen Essayismus oder der politischen Polemik zu hintertreiben.«[8]

Schön gesagt, oder? Was der von mir sehr geschätzte Bourdieu schreibt, ist an vielen Universitäten im Soziologiestudium Pflichtlektüre. Das sind Ihre Artikel und Selbstdarstellungen nicht. Deshalb sollten Sie Wörter so zusammenfügen, daß verständliche Sätze dabei herauskommen. Verständlichkeit ist zwar nicht alles, aber ohne Verständlichkeit ist alles nichts.

Kürze und Würze

Kurze Sätze sind meist verständlicher und lesen sich oft angenehmer als lange Sätze. Liegt also in der Kürze die Würze? Niemand mag längere Texte, in denen ein kurzer Hauptsatz

---

8 Pierre Bourdieu: Die feinen Unterschiede – Kritik der gesellschaftlichen Urteilskraft. Frankfurt/Main 1982, S. 14.

dem anderen folgt. Es ist nichts gewonnen, wenn die Leserinnen und Leser zwar jeden Satz verstehen, aber nach dem vierten oder fünften Minisatz gelangweilt den Text weglegen. Ein Bericht etwa über einen USA-Aufenthalt ist nicht sehr anschaulich, wenn er nur aus kurzen Sätzen wie diesen besteht: »Das Frühstück fanden wir nicht gut. Unser Mietwagen war sehr alt.«

Um Farbe in diese Sätze zu bekommen, brauche ich ein paar Worte mehr. Ich beschreibe, was *nicht gut* war: Dünner Kaffee, trockene Hörnchen, ein kleines Stück Butter und ein Klecks Marmelade. Das nannten sie »Kontinentales Frühstück«. Oder ich finde ein Bild für *alt*: »Der Mietwagen war wohl während Eisenhowers Präsidentschaft angeschafft worden.«

Es gibt also nicht die »richtige« Satzlänge. Nicht jeder lange Satz ist unverständlich und nicht jeder kurze informativ oder anschaulich. So sind die meisten Steuerbescheide und Schreiben von Gerichten, Arbeitsämtern oder anderen Behörden kurz und knapp – und schwer zu verstehen: Die Absender schreiben so wenig wie möglich, um sich Arbeit zu sparen. Sie bürden die Arbeit lieber den Leserinnen und Lesern auf. Andere schreiben lange Sätze, weil sie sich nicht die Mühe machen wollen, einen Sachverhalt knapp und präzise auszudrükken. Wer sich keine Mühe gibt, schreibt weder mit langen noch mit kurzen Sätzen verständlich.

Jeder Satz sollte das Ergebnis von Arbeit sein. Das sind die folgenden beiden Sätze nicht: »Das Netzwerk Ostend ist eine Arbeitsgemeinschaft verschiedenster Einrichtungen der Altenarbeit. Die mitarbeitenden RepräsentantInnen der unterschiedlichsten Institutionen stellten ihre Vorschläge zur Verbesserung der Situation alter Menschen den zuständigen BezirkspolitikerInnen und Bundestagsabgeordneten vor.«

Hier kann abgespeckt werden: *Mitarbeitende RepräsentantInnen* sind MitarbeiterInnen, und es genügt völlig, entweder *verschiedene Einrichtungen* oder *unterschiedliche Institutionen* zu schreiben: »MitarbeiterInnen des Netzwerk Ostend, einer Arbeitsgemeinschaft verschiedener Einrichtungen der Altenarbeit, stellten ...«.

Ich muß nicht zu bedenken geben, daß ein Projekt »von der Kostenseite her gesehen« zu teuer ist. Es genügt der Hinweis: »Das Projekt kostet zuviel« (»... ist zu teuer«). Und es steckt Ballast in der Feststellung: »Die gemachten Aussagen sind klar formuliert.« Aussagen sind immer »gemacht«, also: »Die Aussagen sind klar (formuliert)«.

Jedem Satz sollte die Überlegung vorausgehen, ob bestimmte Wörter notwendig sind oder nicht. Der einzelne Satz sollte verständlich und der gesamte Text flüssig zu lesen sein. Packen Sie deshalb nicht zu viel in den Hauptsatz, und fallen Sie nicht in einen Hackstil. Wechseln Sie zwischen mäßig kurzen und mäßig langen Sätzen.

Sätze ohne Schachteln

Das Hauptübel vieler Sätze ist nicht ihre Länge, sondern die Bauweise. An erster Stelle auf der Problemskala steht der Schachtelsatz: »Ich sprang, als der Wecker klingelte, sofort aus dem Bett.« Ein eingeschobener Nebensatz ist in der Regel kein Problem. Auch dann nicht, wenn Satzgegenstand und Satzaussage getrennt werden: »Unser Büro, das zwei Straßen vom Rathaus entfernt liegt, ist montags geschlossen.«

Vielen ist allerdings eine Schachtel zu wenig: »Ich sprang, als der Wecker klingelte, den ich auf die Truhe gestellt hatte, sofort aus dem Bett.« Noch mehr Nebensätze zwischen Satzgegenstand und Satzaussage sind eine Zumutung: »Ich sprang, als der Wecker klingelte, den ich auf die Truhe gestellt hatte, die neben dem Eichenschrank steht, sofort aus dem Bett.«

Die Zumutung wird zur Katastrophe, wenn auch noch die Nebensätze verschachtelt werden: »Ich sprang, als der Wecker, den ich auf die Truhe, die neben dem Eichenschrank steht, gestellt hatte, klingelte, sofort aus dem Bett.« Dabei ist dieser Satz mit 23 Wörtern nicht besonders lang. Deshalb: Vermeiden Sie Schachtelsätze. Dazu gibt es folgende Möglichkeiten:

1. Nebensätze anhängen
   Schachtelsatz: »Sie hatte, als der Geschäftsführer eintraf, der vom Vereinsvorstand informiert worden war, der Presse bereits ihren Rücktritt mitgeteilt.«
   Derselbe Satz mit den Nebensätzen nach dem Hauptsatz: »Sie hatte ihren Rücktritt der Presse bereits mitgeteilt, als der Geschäftsführer eintraf, der vom Vereinsvorstand informiert worden war.«
   Mehr als zwei angehängte Nebensätze sollten Sie allerdings vermeiden, da sonst »Bandwurmsätze« entstehen: »Ich sprang sofort aus dem Bett, als der Wecker läutete, den ich auf die Truhe gestellt hatte, die neben dem Eichenschrank steht.« Hier folgt nach dem Hauptsatz Nebensatz auf Nebensatz. Dieser Bandwurmsatz ist verständlicher als ein Schachtelsatz. Doch solche Nebensatzreihen wirken meist langweilig, besonders wenn alle Nebensätze mit Relativpronomen oder mit *daß* beginnen: »Ich sprang sofort aus dem Bett, als der Wecker läutete, *den* ich auf die Truhe gestellt hatte, *die* neben dem Eichenschrank steht, *den* mir meine Mutter geschenkt hatte, *die* in der Möbelbranche arbeitet.«

2. Lange Sätze auflösen
   Entwirren Sie lange Sätze: »Vor einer Fortsetzung der Richtungskämpfe, die nach der Wahl eines Mitglieds der Grünen zur Kassiererin des Vereins im Vorstand ausgebrochen waren, warnte auf einer Klausurtagung, die am Wochenende in der Nähe von Bonn stattfand, der Vorsitzende die Vereinsmitglieder.«

Flüssiger und verständlicher sind zwei Sätze: »Der Vorsitzende warnte am Wochenende auf einer Klausurtagung die Vereinsmitglieder vor einer Fortsetzung der Richtungskämpfe, die nach der Wahl eines Mitglieds der Grünen zur Kassiererin ausgebrochen waren. Die Klausurtagung fand in der Nähe von Bonn statt.«

3. Satzaussage dicht beim Satzgegenstand

Mark Twain merkte einmal an: »Wenn der deutsche Schriftsteller in einen Satz taucht, dann hat man ihn die längste Zeit gesehen, bis er auf der anderen Seite seines Ozeans wieder auftaucht mit seinem Verbum im Mund.«

Nicht nur deutsche Literaten stellen die Satzaussage gerne an das Satzende. Ein Beispiel: »Der DGB-Vorstand, der unter den Vorzeichen eines kontinuierlichen Rückgangs der Mitgliederzahlen vor allem in den neuen Bundesländern und anhaltend hoher Arbeitslosigkeit trotz voller Auftragsbücher in den meisten Branchen einen neuen Vorsitzenden – ein Mann mußte es wieder sein – nominierte, *steht vor* erheblichen finanziellen *Problemen*.«

Nach 38 Wörtern wird hier mit der Satzaussage herausgerückt. Verständlicher ist der Satz, beginnt er mit dem Satzgegenstand und der Satzaussage: »Der DGB-Vorstand steht vor erheblichen finanziellen Problemen« (Abgespeckt: »Beim DGB wird das Geld knapp«). Jetzt kann man anhängen: »…, die Ergebnis eines kontinuierlichen Rückgangs der Mitgliederzahlen sind.« Nun beginnt ein neuer Satz, in dem über die weiteren Zusammenhänge informiert wird. Damit sind die ersten drei Empfehlungen berücksichtigt:

- Aus einem langen Satz werden mehrere überschaubare Sätze gebildet.
- Nebensätze werden an den Hauptsatz gehängt.

• Der Satzgegenstand und die Satzaussage stehen dicht beieinander.

Man kann den Leserinnen und Lesern noch mehr zumuten als den von Mark Twain karikierten »deutschen« Satzbau. Man muß nur im Hauptsatz *und* in eingeschobenen Nebensätzen Satzgegenstand und Satzaussage auseinanderreißen. Ein Beispiel zeigt, wie das geht: »Derjenige, der den, der das Ortsschild, das auf der Straße, die zum Dorfplatz führt, steht, beschädigt hat, überführt, erhält eine Belohnung aus der Gemeindekasse.«
Stellt man den Hauptsatz an den Anfang und in den Nebensätzen Satzgegenstand und Satzaussage zusammen, lautet dieser Satz: »Derjenige erhält eine Belohnung aus der Gemeindekasse, der den überführt, der das Ortsschild beschädigt hat, das auf der Straße steht, die zum Dorfplatz führt.« Das ist sicher kein schöner aber ein verständlicher (Bandwurm-) Satz. Besser sind zwei Sätze: »Das Ortsschild an der Straße zum Dorfplatz ist beschädigt worden. Wer den Täter überführt, erhält eine Belohnung aus der Gemeindekasse.«

4. Satzgegenstand und Satzaussage an den Satzanfang
Machen Sie sich zur Schreibmaxime: zunächst Satzgegenstand und Satzaussage, dann alles weitere. Schreiben Sie nicht: »Den Vorschlag, die Verbandsspitze durch eine Urwahl von der Basis bestimmen zu lassen, wie etwa Wittler-Koch vorgeschlagen hatte, lehnt der Vorsitzende Münz ab.« Schreiben Sie das Wichtigste zuerst: »Der Vorsitzende Münz lehnte den Vorschlag von Wittler-Koch ab, die Verbandsspitze durch eine Urwahl von der Basis wählen zu lassen.«

5. Zusammengesetzte Verben nicht trennen.
»Vertreter der Landesregierung *nehmen*, keineswegs freiwil-

lig, sondern um ihr angeschlagenes Image aufzupolieren, was angesichts der bevorstehenden Landtagswahlen dringend geboten erscheint, nach langem Zögern nun doch an der Tagung über alternative Drogenpolitik am kommenden Wochenende *teil*.«

Hier hilft ein anderes Verb weiter: »Vertreter der Landesregierung *beteiligen* sich an der Tagung über alternative Drogenpolitik, die am kommenden Wochenende stattfindet. Die Regierung hatte lange gezögert...«. Statt »teilte ... mit« können Sie *informierte* schreiben usw.[9]

Neben der Wortwahl hilft der Doppelpunkt, Sätze übersichtlich zu machen. »Bei Problemen können angesprochen werden: die Vertrauenslehrerin, die Klassensprecherin, die Schülervertretung, die Rektorin, der Schulpsychologische Dienst oder die Sozialpädagogen.«

Oder man stellt das Verb hinter das erste Glied der Aufzählung: »Bei Problemen können die Vertrauenslehrerin angesprochen werden, die Klassensprecherin, die Schülervertretung, die Rektorin, der Schulpsychologische Dienst oder die Sozialpädagogen.«

6. Hauptsache in den Hauptsatz

Was ist in den beiden folgenden Sätzen die Hauptsache?

»Die Mitarbeiterinnen im Frauenhaus ABC, denen fünf neue Planstellen bewilligt wurden, machten eine Radtour entlang des Mains.«

»Die Delegierten des Dachverbandes, die auf der Bundeskonferenz ihre Flügelkämpfe beigelegt hatten, bevorzugen Vollwertkost.«

Ich meine, fünf neue Planstellen sind wichtiger als eine Radtour, und das Ende von Flügelkämpfen ist bedeutender

---

9 Vgl. auch die Hinweise über Streckverben auf Seite 57 ff.

als die Vorliebe für Vollwertkost. Deshalb gehören diese Fakten in den Hauptsatz:

»Den Mitarbeiterinnen im Frauenhaus ABC wurden fünf neue Planstellen bewilligt. Das feierten sie mit einer Radtour entlang des Mains.«

»Die Delegierten des Dachverbandes beendeten auf ihrer Bundeskonferenz die Auseinandersetzungen zwischen den verschiedenen Flügeln.«

Es mag wichtig sein, daß die Delegierten Vollwertkost bevorzugen. Wenn das die Hauptsache ist, gibt es keinen Grund, in einem eingeschobenen Nebensatz die Flügelkämpfe zu erwähnen.

Ich muß mir also klarmachen, was ist das Wichtigste? Ich muß mir überlegen, was ist die Hauptsache? Das Wichtigste, die Hauptsache kommt in den Hauptsatz. Das mag selbstverständlich erscheinen. Ein Blick in die Zeitung zeigt, daß solche Überlegungen häufig nicht angestellt werden:

»Das Ergebnis der Landtagswahl in Nordrhein-Westfalen, das durch eine niedrige Wahlbeteiligung, Verluste der SPD, deutliche Gewinne der Grünen und ein Scheitern der FDP gekennzeichnet ist, wirft Fragen auf.«

Der Hauptsatz lautet: »Das Ergebnis der Landtagswahl in Nordrhein-Westfalen wirft Fragen auf.« Das ist eine banale Feststellung. Interessant sind die Informationen im Nebensatz. Interessant könnte auch sein, *welche* Fragen *sich* aus dem Wahlergebnis *ergeben* (ein Ergebnis kann nichts tun – auch keine Fragen aufwerfen). In jedem Fall muß der Satz aufgelöst und die Hauptsache in Hauptsätze gepackt werden:»Bei der Landtagswahl in Nordrhein-Westfalen war die Wahlbeteiligung niedrig. Die SPD verlor Stimmen, die Grünen erzielten deutliche Gewinne, und die FDP flog aus dem Landtag. Die SPD muß sich angesichts des Erfolgs der Grünen fragen,...« Oder: »Bei der Landtagswahl in Nordrhein-Westfalen war die Wahlbeteiligung niedrig. Die SPD verlor Stimmen, die Grünen erzielten deutliche Gewinne, und die FDP flog aus dem Landtag. Aus diesem Ergebnis ergeben sich drei Fragen:...«

Wenn Sie sich die Mühe machen zu überlegen, was ist die Hauptsache? Und wenn Sie diese Hauptsache in einem zusammenhängenden Hauptsatz ausdrücken – dann erledigen sich viele Probleme mit Schachtelsätzen fast von selbst.

Aktiv und Positiv

Das Passiv und Verneinungen sind weitere Möglichkeiten, Sätze leblos und schwer verständlich zu machen. Sie kennen folgende Formulierungen aus der Tagespresse: »In Bonn wird darauf hingewiesen, daß...«; »In Regierungskreisen wird davon gesprochen, daß...«; »In gewöhnlich gut unterrichteten Kreisen wird davon ausgegangen, daß...«

Journalistinnen und Journalisten benutzen das Passiv, wenn sie ihre Informationsquellen verschweigen wollen. Vermeiden Sie Passivkonstruktionen, wenn Sie nichts zu verheimlichen haben. Ihre Sätze werden lebendiger, und Sie erleichtern es den Leserinnen und Lesern, Ihre Berichte oder Briefe zu verstehen. Schreiben Sie nicht: »Die Verschiebung der Bafög-Erhöhung auf das nächste Jahr ist von den Grünen kritisiert worden.« Sondern: »Die Grünen kritisierten, daß die Bafög-Erhöhung auf das nächste Jahr verschoben wurde.« Werden die Verantwortlichen genannt, wird das Passiv auch aus dem Nebensatz verbannt: »Die Grünen kritisierten, daß die Bundesregierung die Bafög-Erhöhungen auf das nächste Jahr verschoben hat.«

Das Beispiel zeigt, daß hier Inhalt und Stil verknüpft sind. Das kommt häufig vor. Sie können in einem Brief zurückhaltend reklamieren: »Die Ware wurde nicht termingerecht geliefert.« Und Sie können selbstbewußt beanstanden: »*Sie* haben die

Ware nicht rechtzeitig geliefert.« Man kann in einer Stellungnahme schreiben: »Es ist davon auszugehen, daß ...« Und man kann selbstbewußt formulieren: »Ich meine, daß ...«

Die Leideform ist angebracht, wenn
* tatsächlich ein Erleiden ausgedrückt werden soll: Ich wurde im Urlaub von Mücken gequält;
* niemanden interessiert, wer die handelnde Person ist: Das Schwimmbad wird im Sommer um acht Uhr geöffnet;
* ein Handlungsträger fehlt: In der Geschäftsordnung ist vorgesehen, daß ... Die Geschäftsordnung kann nichts vorsehen, sondern nur die, die die Geschäftsordnung gemacht haben (schreiben Sie deshalb nicht: Die Geschäftsordnung sieht vor, daß ...).

Vermeiden Sie auch Verneinungen. Eine Verneinung ist kein Problem. Die doppelte Verneinung macht vielen Schwierigkeiten, die dreifache Verneinung ist eine Katastrophe. Doch bleiben wir bei der doppelten Verneinung:
* Es ist so unüblich nicht – also: Es ist üblich.
* Unter den fünf Fraktionen ist keine, die nicht koalitionsfähig wäre – also: Alle fünf Fraktionen sind koalitionsfähig.

Zwei Verneinungen heben einander auf, ergeben eine Bejahung. Diese logische Konstruktion hilft nicht immer weiter. Wie lautet zum Beispiel die Bejahung folgender Verneinung? Wer nicht rechts wählen will, darf nicht ABC wählen. Gemeint ist: Wer ABC wählt, wählt rechts. Und wer versteht, was gemeint ist, wenn wider Willen Nonsens geschrieben wird: Zur Strafe wurde ihm verboten, sechs Wochen kein Moped zu fahren. Wie interpretieren Sie folgenden Satz: Meyer ist nicht unvermögend. Verfügt Meyer über mäßigen Reichtum? Oder ist *nicht unvermögend* eine ironische Untertreibung?

Es ist leicht (so schwer nicht), sich und andere mit Verneinungen unglücklich zu machen.

Ich habe für verständliche Wörter und Sätze plädiert – nicht für den Stil der Boulevardpresse. Texte sollten Leserinnen und Lesern nicht das Denken abnehmen, sondern informieren, zum Denken anregen. Wer Texte schreibt, sollte die Lesenden ernstnehmen – und das heißt: ihnen Denkfähigkeit unterstellen. Verstehen ist nicht identisch mit wohlfühlen. Leser der Boulevardpresse, Leserinnen der Regenbogenpresse fühlen sich wohl in »ihrem« Blatt. Ich bezweifle, daß sie aufgrund der Lektüre dieser Blätter etwas *verstehen*, zum Beispiel über gesellschaftliche Zusammenhänge. Bei guten Texten sollen Leserinnen und Leser

- sich wundern – zum Beispiel über das gute Angebot Ihres Vereins und nicht über viele Fremd- und Fachwörter;
- irritiert sein – über Ihre originellen Anregungen und pfiffigen Ideen und nicht, weil der Text so umständlich geschrieben ist;
- den einen oder anderen Satz zwei- oder dreimal lesen – weil Sie treffend formuliert haben und nicht, weil jeder Satz schwer verständlich ist.

Ich habe zu Beginn des Kapitels geschrieben: Gute Schreiberinnen und Schreiber sind vor allem gute Umschreiberinnen und Umschreiber. Mit den vorangegangenen Hinweisen verfügen Sie über Werkzeuge, die Ihnen helfen, verständliche und anschauliche Sätze zu schreiben. Bevor ich auf den Aufbau eines Textes eingehe, zeige ich, wie mit den Hinweisen zur Wortwahl und zum Satzbau systematisch gearbeitet werden kann.

Ich habe aus verschiedenen Texten eine Einladung montiert. Diese Einladung ist zwar erfunden, aber die einzelnen Sätze sind O-Ton.

>»Auf unserer Arbeitstagung stehen folgende Problemkomplexe im Mittelpunkt:
> 1. Schaffung von Transparenz über das vorhandene Angebot, z.B. in Form eines Stadtteilführers.
> 2. Die Zielperspektiven des offenen Strafvollzugs in ihrer jeweiligen Beziehung zur finanziellen Dimension und zur rechtspolitischen Diskussion.
> 3. Was ist, nach der gelungenen Weckung des Bewußtseins für den hohen Stellenwert von Öffentlichkeitsarbeit, der nächste Schritt zur Erreichung von klaren Zielsetzungen und eindeutigen Zuständigkeiten?«

In vier Schritten kann aus dieser Vorlage eine vernünftige Einladung werden. Die ersten beiden Schritte sind »Pflicht«, der dritte und vierte Schritt »Kür«. Zunächst zur Pflicht.

1. Schritt: aufgeblasene Formulierungen und Substantivierungen ersetzen.

- Aus den Problem*komplexen* werden Probleme, aus der Ziel*perspektive* und den Ziel*setzungen* Ziele;
- *in Form eines* Stadtteilführers wird schlicht zu *durch* einen Stadtteilführer (so wie »Sie zeigte ihre Zuneigung *in Form eines Beischlafangebots*« ersetzt werden kann durch die Formulierung »Sie zeigte ihre Zuneigung durch die Aufforderung, miteinander zu schlafen«);
- da Beziehungen immer *jeweilig* sind, kann jeweilig entfallen;
- die Substantivierungen Schaff*ung*, Weck*ung*, und Erreich*ung* werden durch Verben ersetzt.

2. Schritt: den Schachtelsatz entwirren.
Am Ende der »Pflicht« haben wir folgende Fassung:

»Auf unserer Arbeitstagung stehen folgende Probleme im Mittelpunkt:

1. Wie kann Transparenz über das Angebot geschaffen werden? Durch einen Stadtteilführer?
2. Die Ziele des offenen Strafvollzugs in Beziehung zur finanziellen Dimension und zur rechtspolitischen Diskussion.
3. Es ist gelungen, Bewußtsein zu wecken für den hohen Stellenwert von Öffentlichkeitsarbeit. Was ist nun der nächste Schritt, um klare Ziele und eindeutige Zuständigkeiten zu erreichen?«

Nun zur »Kür«.

3. Schritt: durch mehr Verben und weniger Hauptwörter Farbe in die Sätze bringen.

»Auf unserer Arbeitstagung wollen wir drei Probleme klären:

1. Wie kann das Angebot transparent gemacht werden? Durch einen Stadtteilführer?
2. Was soll mit dem offenen Strafvollzug erreicht werden, wie ist er zu finanzieren und was wird in der Rechtspolitik diskutiert?
3. Der hohe Stellenwert von Öffentlichkeitsarbeit ist inzwischen bewußt. Was ist nun zu tun, um klare Ziele und eindeutige Zuständigkeiten zu erreichen?«

4. Schritt: durch prägnante Verben dem Text den letzten Schliff geben.

Die Endfassung der Einladung lautet dann:

»Auf unserer Arbeitstagung wollen wir drei Probleme klären:

1. Wie machen wir unser Angebot überschaubar? Durch einen Stadtteilführer?
2. Was soll der offene Strafvollzug, was kostet er, und was wollen die Politiker?

3. Alle wissen inzwischen, wie wichtig Öffentlichkeitsarbeit ist. Was können wir nun tun, um klare Ziele und eindeutige Zuständigkeiten zu erreichen?«

Dem einen oder der anderen mag meine Neufassung nicht »anspruchsvoll« genug klingen. Puristinnen und Puristen werden kritisieren, daß »bewußt« nicht dasselbe ist wie »wissen«. Ich meine, die Arbeitstagung sollte anspruchsvoll sein. Die Einladung soll Interesse wecken, neugierig machen – und für diesen Zweck riskiere ich die Bedeutungsverschiebung von *bewußt* zu *wissen* und von *finanzieren* zu *kosten*. In Abwandlung des Eingangsmottos zu diesem Kapitel: Die Einladung soll die Einzuladenden einladen, nicht die Einladenden.

2.2 Interessant statt chronologisch:
   Textanfang und Textaufbau

Kurt Tucholsky empfiehlt in seinen *Ratschlägen für einen schlechten Redner*: »Fange nie mit dem Anfang an, sondern immer drei Meilen vor dem Anfang! Etwa so: ›Meine Damen und meine Herren! Bevor ich zum Thema des heutigen Abends komme, lassen Sie mich Ihnen kurz ...‹ Hier hast Du schon so ziemlich alles, was einen schönen Anfang ausmacht: eine steife Anrede; der Anfang vor dem Anfang; die Ankündigung, daß und was du zu sprechen beabsichtigst, und das Wörtchen kurz. So gewinnst Du im Nu die Herzen und die Ohren der Zuhörer.«[10]
Was ist ein guter Anfang? Was ist ein guter Anfang für einen Text, der nicht gesprochen, sondern gelesen werden soll? Mit den Worten Tucholskys läßt sich antworten: ein Anfang, der Herzen und Augen der Leserinnen und Leser gewinnt. Wie das gelingen kann, ist ein Thema dieses Abschnitts. Ich zeige, wie die Textbausteine Wörter und Sätze zu interessanten Texten zusammengefügt werden können. Ich erläutere, was beim Aufbau eines Textes beachtet werden sollte, gleich, ob Sie eine Pressemitteilung schreiben, eine Selbstdarstellung formulieren oder eine Veranstaltung ankündigen wollen. Auf die *speziellen* Anforderungen an unterschiedliche Textformen gehe ich in den folgenden Abschnitten ein.

2.2.1 Der Anfang muß stimmen

Ich beginne mit drei schlechten Beispielen: einer Kleinanzeige, die in den »Wuppertaler Nachrichten« erschienen ist, einer

---

10 Gesammelte Werke Bd. 8, S. 290, Reinbek 1993.

Pressemitteilung von einer Bundestagsabgeordneten der Grünen und einem »Waschzettel«[11] für eine Pressekonferenz.

»DGB-Festreisen 1994/95. Die DGB-Reisen Dortmund, eine gewerkschaftliche Reisevereinigung, der auch der DGB-Kreis Bergisch Land als Mitglied angehört, bieten auch in diesem Jahr wieder ein umfangreiches Reiseprogramm für die bevorstehenden Festtage an. So führen mehrtägige Fahrten in der Adventszeit u.a. nach Amsterdam, zum Nürnberger Christkindlmarkt...«

»Weil der Bayerische Umweltminister ... nach wie vor die Gefahr für Leben und Gesundheit von Dachdeckern und Bauhandwerkern leugnet, die in vielen Gegenden Bayerns durch hochradioaktiv verseuchten Staub auf Hausdächern mit einer spezifischen Aktivität von mehr als 130.000 Bq/kg verursacht wird, hat MdB ... gegen Minister ... bei der Staatsanwaltschaft München I Anzeige erstattet.«

»›Sucht hat immer eine Geschichte‹ ist das Leitthema der seit 1991 bestehenden Öffentlichkeitskampagne zur Suchtvorbeugung des Ministeriums für Arbeit, Gesundheit und Soziales (MAGS) des Landes NRW. Mit der Kampagne soll die Bedeutung und Notwendigkeit der suchtvorbeugenden Arbeit in NRW herausgestellt werden. Sucht wird als umfassendes Problem gesehen, bei dem sowohl persönliche, soziale und suchtmittelspezifische Faktoren als mögliche Ursachen einer ...«

Alles Murks. Der Anfang der Pressemitteilung läßt sich noch retten. Es müssen lediglich aus dem Monstersatz mehrere Sätze gemacht und die Hauptsache an den Anfang gestellt werden: »Die Bundestagsabgeordnete ... hat den Bayerischen

---

11 Näheres über Waschzettel im nächsten Kapitel.

Umweltminister ... angezeigt, weil er die Gesundheit[12] von Dachdeckern und Bauhandwerkern aufs Spiel setzt. Der Hintergrund: In vielen Gegenden...«
Nach dem ersten Satz wissen Leserin und Leser worum es geht. Und der erste Satz kann Interesse wecken, da Umweltminister nicht alle Tage angezeigt werden.
Anders sieht es beim dritten Beispiel aus. Selbst wenn es gelänge, den schrecklichen Nominalstil aufzulösen (*das* Leitthema *der* Öffentlichkeitskampagne *zur* Suchtvorbeugung *des* Ministeriums *des* Landes), wäre das Dilemma dieses Anfangs nicht behoben: Was sollte daran interessant sein, daß die *Öffentlichkeitskampagne* ein *Leitthema* hat? Wen soll es neugierig machen, daß die *Kampagne* die *Bedeutung* der *Notwendigkeit* herausstellen will?
Der Anzeigentext, geschaltet in einer Alternativzeitung, erinnert an den Stil der »Bäckerblume« und anderer »Kundenzeitungen«, die beim Metzger, in Drogerien usw. ausliegen: betulich erzählen, nicht zur Sache kommen. (»Einen Trost hält der hochsommerliche Juni in diesem Jahr für alle, die unter der Hitze stöhnen, bereit. Es gibt leckere deutsche Erdbeeren in Hülle und Fülle. Jetzt, liebe Hausfrauen, ist Einmachzeit!«)
Die Pressemitteilung fängt richtig an. Sie ist nur schlecht formuliert. Dieser Mangel läßt sich beheben. Die Anzeige und der Text über die Suchtvorbeugungsöffentlichkeitskampagne sind durch Umformulierungen nicht zu retten. Sie müssen neu geschrieben werden. Mit Goethe formuliert: »Wer das erste Knopfloch verfehlt, kommt mit dem Zuknöpfen nicht zu Rande.«[13]

---

12 Die Formulierung »Gefahr für Leben und Gesundheit« ist pathetisch. Wenn das *Leben* gefährdet ist, dann ist die Gesundheit egal.
13 Maximen und Reflexionen. Gedenkausgabe Bd. 9, S. 617. Zürich, Stuttgart 1948 ff.

Was ist hier das Hauptübel? Beide Texte wurden von »Ego-
isten« geschrieben, die vor allem ihre Organisation im Kopf
hatten und nicht die Leserinnen und Leser. Der richtige Grundsatz, Interessen, Ziele und Anliegen eines Verbandes oder Vereins hervorzuheben und bekannt zu machen, führt zu einem
schlechten Text.

Was interessiert mich, wenn ich verreisen will? Bestimmt nicht,
daß DGB-Reisen Dortmund »auch der DGB-Kreis Bergisch
Land als Mitglied angehört«. Ich will zunächst wissen, welche
Reiseziele werden zu welchen Preisen angeboten? Es interessiert mich nicht, daß DGB-Reisen Dortmund »auch in diesem Jahr wieder ein umfangreiches Reiseprogramm für die
bevorstehenden Festtage« anbietet. Ich will sofort »Butter bei
die Fische« und keine Festtagslyrik. Eine Anzeige, die Interesse
weckt, müßte zum Beispiel so anfangen: »Amsterdam, New
York, Moskau und Hongkong. Das sind nur einige der Reiseziele, die DGB-Reisen Dortmund anbietet.« Wer verreisen will,
wird weiterlesen.

Der »Waschzettel« ist nach dem Prinzip aufgebaut, das Lang-
weiligste zuerst. Wie sieht ein Anfang aus, der neugierig
macht? Wie kann es gelingen, die Leserinnen und Leser für die
Kampagne zu interessieren? Diesen Fragen muß eine andere
vorausgehen: *Warum* sollte sich jemand für dieses Thema
interessieren? Zum Beispiel deshalb, weil Drogen ein großes
gesellschaftliches Problem sind. Oder deshalb, weil Eltern wissen möchten, was sie tun können, um ihre Kinder vor Drogen
zu schützen.

Ein Text, der diese Interessen berücksichtigt, könnte so anfangen: »Bereits Grundschüler greifen zu Medikamenten, die
Suchtstoffe enthalten. 44 % aller Jugendlichen zwischen 12
und 18 nehmen regelmäßig Grippemittel und 35 % Kopf-
schmerzmittel. Später folgt der Griff zu Ecstasy. Was führt zu
dieser Entwicklung? Gibt es Hinweise und Signale, wenn ein

Jugendlicher suchtgefährdet ist? Wie können Eltern vorbeugen?«

DGB-Reisen Dortmund bietet wirklich Reisen nach Amsterdam, New York, Moskau und Hongkong an. Diese attraktiven Reiseziele werden am Ende der Anzeige genannt. Das MAGS macht interessante Angebote, die am Schluß des »Waschzettels« aufgeführt werden.

Trotz guter Angebote entstanden schlechte Texte, weil die Verfasser beim Schreiben die »Organisationsbrille« auf und nicht den Zweck des Textes im Auge hatten. Wenn Texte die Leserinnen und Leser für etwas interessieren sollen, dann muß das an den Anfang gestellt werden, was interessant ist bzw. sein könnte. Wenn Ihr Verein, Ihre Initiative

- etwas macht – zum Beispiel eine Veranstaltung über Rechtsextremismus,
- etwas plant – zum Beispiel eine Demonstration gegen den Bau einer neuen Straße,
- etwas anbietet – zum Beispiel eine Beratung für Menschen, die verschuldet sind,

und darüber informieren will, dann gehört an den Anfang eines Textes

- entweder: *was* Sie machen, planen oder anbieten
- oder: *warum* Sie das machen, planen oder anbieten.

Entschieden kürzer und salopp formuliert: Erst den Nutzen für die Leserinnen und Leser herausstellen, dann vom eigenen Laden reden.

- Warum sollte jemand zu der Veranstaltung kommen?
- Warum sollte jemand an der Demonstration teilnehmen?
- Was bietet die Schuldenberatung an?

Ein Blick auf Selbstdarstellungen von Vereinen zeigt, daß in der Regel am Anfang nicht das *Was* oder *Warum* steht, sondern *Wer,* der eigene Verein:

»Der Verein Schuldenfrei e. V. wurde 1992 gegründet. Seit 1995 ist er Mitglied des Paritätischen Wohlfahrtsverbandes Nordrhein-Westfalen. Die Vereinsgründung geht auf eine Initiative von ...«
Hunderte von Selbstdarstellungen lesen sich so, als hätten die Verfasserinnen und Verfasser Tucholskys Ratschläge für einen schlechten Anfang mißverstanden. Bei einem Text, der »Herzen und Augen der Leser« gewinnen soll, steht *am Anfang*
• das Wichtigste oder
• ein Zitat oder
• ein Aufmerksamkeitswecker.[14]

Das Wichtigste zuerst: Abgeordnete zeigt Umweltminister an. Dann kommen die näheren Umstände. Warum hat sie ihn angezeigt? Wie lautet ihr Vorwurf? Wo und wann hat sie ihn angezeigt? Was verspricht sie sich von dieser Anzeige? Ein Beispiel aus der Presse: »Das hochverschuldete Bremen kämpft mit dem Finanztod. Als Retter in der Not bietet sich ein studierter Mediziner an. Hans-Helmut Euler, so heißt der 53jährige Sozialdemokrat, möchte Nachfolger von Klaus Wedemeier werden.«[15] Nach diesem Überblick folgt ein Porträt von Herrn Euler.
Ein Zitat-Einstieg: »Mit ihm kämen wir vom Regen in die Traufe.« Mit diesen Worten kommentierte ein prominenter

---

14 Ausnahmen bestätigen diese Regel. Es gibt zwei Hauptausnahmen: den Kommentar und die Reportage. Ein klassischer Einstieg für einen Kommentar ist die Frage: »Nach dem Parteitag der SPD konzentriert sich das Interesse der Öffentlichkeit auf die Frage ...«; »Wird ABCland nach dem Sturz des Diktators XYZ zur Demokratie zurückkehren oder ...«. Reportagen oder Reiseberichte können mit anschaulichen oder spannenden Schilderungen einer Situation oder Szene beginnen.
15 Aus dem Wunsch ist nichts geworden.

Sozialdemokrat die Kandidatur von Hans-Helmut Euler für das Amt des Bremer Bürgermeisters.

Und schließlich der Aufmerksamkeitswecker: Sitzt in Bremen die zweite Reihe bald in der ersten? Hans-Helmut Euler will Bürgermeister werden.

Ich veranschauliche Vorzüge und Risiken dieser drei Wege, einen Text anzufangen, am Beispiel eines Briefes, den der »Verein für Jugendsozialarbeit e.V.« an alle Haushalte in Bad Honnef verteilte.

»In gemeinsamer Anstrengung mit der Stadt Bad Honnef und dem Rhein-Sieg-Kreis ist es dem Verein für Jugendsozialarbeit e.V. gelungen, das Haus der Jugend an der Bahnhofstraße 2 zu sanieren und die unter pädagogischer Leitung stehende Einrichtung wieder allen Jugendlichen der Stadt zur Verfügung zu stellen.«

Dieser Satz hat so ziemlich alles, was ein schlechter Text braucht. An dieser Stelle interessiert jedoch nicht die aparte Mischung aus Schwulst und Bürokratenstil, sondern die Frage, wie kann mit drei unterschiedlichen Einstiegsformen ein ansprechender Anfang formuliert werden? Meine Vorschläge:

• das Wichtigste zuerst: »Das Haus der Jugend ist wieder geöffnet.«

• ein Zitat: »›Hier geht echt die Post ab‹, freut sich die 15jährige Susanne über das neue Haus der Jugend.«

• ein Aufmerksamkeitswecker: »Es ist schöner, interessanter und abwechslungsreicher: Das neue Haus der Jugend und sein Angebot.« Oder dicker aufgetragen: »Eine kleine Sensation: Das Haus der Jugend in Bad Honnef.«

Was der Aufmerksamkeitswecker verspricht, muß der folgende Text halten. Wenn im »wieder allen Jugendlichen der Stadt zur Verfügung stehenden« Haus der Jugend lediglich zwei neue Toiletten eingebaut und eine Tischtennisplatte angeschafft wurde, fühlen sich die Leserinnen und Leser auf den Arm genommen. Deshalb: Vorsicht mit dem Aufmerksamkeitswekker. Er baut Erwartungshaltungen auf, die erfüllt werden müssen. Und der Aufmerksamkeitswecker muß gut formuliert sein; er darf zum Beispiel nicht zu einer Mischung aus Modesprache und dem Behördendeutsch des Vereins für Jugendsozialarbeit geraten: »Der *Techno-Boom* bei Jugendlichen ist ungebrochen. Dem *trägt* das Haus der Jugend mit einem *Tanznachmittag Rechnung.*«

Ich fasse zusammen: Beim Sport muß man sich warmlaufen. Bei Texten für die Presse- und Öffentlichkeitsarbeit muß es gleich losgehen. Am Ende eines Dramas steht der Höhepunkt und beim Krimi die Auflösung. In der Presse- und Öffentlichkeitsarbeit müssen die ersten Sätze Interesse und Aufmerksamkeit wecken. Vom Anfang hängt es ab, ob ein Text gelesen wird oder nicht. Der Anfang muß stimmen.

2.2.2 Aufbereiten statt zumuten: Textaufbau

Wenn der Anfang stimmt, geben Ihnen die Leserinnen und Leser einen »Vorschuß«. Den sollten Sie nicht verspielen. Wer Interesse für seine Texte wecken muß, wer nicht über Sex, Crime und das englische Königshaus schreibt (oder was auch immer das »breite Publikum« interessieren mag), sondern über sperrige Themen, über Drogen und Krankheit, Behinderung und Gewalt oder über die komplizierten Wege, die Menschen einschlagen müssen, um zu ihrem Recht zu kommen – der sollte Texte klar aufbauen, um die Zugangssperren niedrig zu halten.

Meine »Aufbauformel« lautet: AHA.
• **A**ufmerksamkeit: interessanter Anfang, dann die
• **H**auptsache: die wichtigsten Informationen und schließlich

- **Alles Weitere**: Einzelheiten und nähere Umstände.[16]

Diese »Aufbauformel« ist kein Rezept, sondern in erster Linie eine Fragehaltung vor und während des (Um-)Schreibens:
- Worüber soll informiert, wofür geworben werden?

Wenn diese Ausgangsfrage beantwortet ist, lautet die nächste Frage:
- Wie müssen die notwendigen Fakten und Informationen aufbereitet werden?

Die Antwort ergibt sich nicht aus einer »Logik der Sache«. Vielmehr muß – wie beim Textanfang – geprüft werden:
- Was mag die künftigen Leserinnen und Leser interessieren, was kann sie überzeugen?

In diese Fragehaltung sollte eine Empfehlung Tucholskys einbezogen werden. Am Schluß seiner *Ratschläge* schreibt er: Was gestrichen ist, kann nicht durchfallen.[17] Dieser Hinweis ist als Prüfauftrag zu verstehen, was den Lesenden erspart werden kann:
- eine ungeordnete Faktenhäufung,
- die Demonstration dessen, was der Schreiber alles weiß,
- vieles, was vereinsintern zwar wichtig, für Leserinnen und Leser aber uninteressant ist.

Zum letzten Punkt: Uninteressant für Außenstehende ist meist die Geschichte eines Vereins, die Entwicklung eines Projekts,

---

16 Für Texte, in denen ein Standpunkt, eine Meinung erläutert werden soll, lautet diese Formel AAS: Aufmerksamkeit, Argumente, Schlußfolgerung. Wenn es darum geht, an die Lesenden zu apellieren (an einer Demonstration teilzunehmen, sich gegen Mieterhöhungen zu wehren), empfehle ich für den Textaufbau A³: Aufmerksamkeit, Argumente, Aufforderung. Ich komme darauf im nächsten Abschnitt zurück.

17 »Merk Otto Brahms Spruch: Wat jestrichen is, kann nich durchfalln.« A.a.O., S. 292.

der Rahmen einer Aktion oder Veranstaltung. Mein Hinweis, daß der »Organisationsblick« der Feind eines interessanten Anfangs ist, muß deshalb ergänzt werden: Die Chronologie ist die Freundin der Langeweile. Zwei Beispiele für »Organisationsblick« und Langeweile durch Chronologie:

> »Am 20. und 21. Januar veranstaltet der Paritätische Wohlfahrtsverband, seine Mitgliedsorganisationen und der Fachbereich Sozialpädagogik der Fachhochschule Hamburg in den Räumen der Fachhochschule, Saarlandstraße 30, eine Konferenz über Vorbeugemaßnahmen gegen Drogenkonsum.«

> »Im Rahmen des Aktionstages ›Nein zur Gewalt gegen Frauen‹, der seit dem 25.11.1981 durchgeführt wird, veranstaltet *Frauen helfen Frauen e.V.* am 24. November im Lesesaal der Stadtbibliothek eine Diskussionsveranstaltung über Sextourismus.«

Im ersten Text ist zu erfahren, wer wann wo eine Konferenz durchführt. Im zweiten Text wird darüber informiert, wann wer in welchem Rahmen eine Diskussionsveranstaltung veranstaltet. Das ist – *zunächst* – alles langweilig. Was ist interessant? Nicht *daß* eine Konferenz oder eine Diskussionsveranstaltung stattfindet, sondern *was* dort geboten wird, *warum* Drogenkonsum oder Sextourismus wichtige Themen sind. Und genau dies erfährt man in den zitierten Texten erst am Ende – vorausgesetzt, man hört nicht nach den ersten Zeilen auf zu lesen. Als Regel formuliert: Fangen Sie nie einen Text mit »Am« oder »Im Rahmen« an.[18]
Die Pronomen, die ich im letzten Absatz bemüht habe, sind ein wichtiges Hilfsmittel für den Aufbau eines Textes. Mit den

---

18 Zumal ein Satzanfang mit »Im Rahmen« meistens zu langen Sätzen im Nominalstil führt.

Antworten auf die »W-Fragen« erhält man die Grundlagen für einen Text.

- **Wer** hat etwas gemacht/will etwas machen?
- **Was** ist passiert/was soll geschehen?
- **Wann** hat das Ereignis stattgefunden/ wann findet es statt?
- **Wo** ist es passiert/soll es stattfinden?
- **Wie** ist es abgelaufen/wird es ablaufen?
- **Warum** ist es dazu gekommen, wurde das gemacht/ soll das gemacht werden?

Überträgt man den zitierten Text über die Konferenz in der Fachhochschule für Sozialpädagogik (vervollständigt) in dieses Frageraster, ergibt sich folgende Textgrundlage:

Wer:
Der Paritätische Wohlfahrtsverband, seine Mitgliedsorganisationen und der Fachbereich Sozialpädagogik der Fachhochschule Hamburg

Was:
Konferenz über Suchtprävention

Wann:
20. und 21. Januar

Wo:
Hamburg, Fachhochschule, Saarlandstraße 30

Wie:
Vorträge und Arbeitsgruppen

Warum:
Immer mehr Jugendliche greifen zu Drogen; es müssen neue Wege der Vorbeugung gefunden werden.

Von *Grundlage* für einen Text spreche ich, weil der zitierte Text anders aufgebaut werden muß, wenn daraus eine interessante Ankündigung werden soll. Er ist Rohstoff, der für die Adressatinnen und Adressaten bearbeitet werden muß. Die Leitfrage dieser Bearbeitung lautet: Was ist wichtig, was interessant? Stellen Sie sich vor, Sie sollten wie in einem Hotel- oder Restaurantführer Sterne vergeben.

W-Fragen	Fakten	Bedeutung Interesse
Wer	Der Paritätische Wohlfahrtsverband und andere	***
Was	Konferenz über Suchtprävention	***
Wann	20. und 21. Januar	*
Wo	Hamburg, Fachhochschule, Saar-landstr. 30	*
Wie	Vorträge und Arbeitsgruppen	**
Warum	Mehr Jugendliche greifen zu Drogen; es müssen neue Wege der Vorbeugung gefunden werden	****

Warum und zu welchem Thema eine Konferenz von wem gemacht wird, ist aus meiner Sicht das Wichtigste. Wenn mich das Thema interessiert und der Veranstalter einen guten Ruf hat, dann setze ich mich auch in den Zug und fahre nach Hamburg. Wenn nichts Relevantes geboten wird, schaue ich erst gar nicht in meinen Terminkalender, ob ich am 20. und 21. Januar Zeit habe.

Wenn der Gesundheitsminister die Konferenz eröffnen würde, erhielte die Wer-Spalte von mir vier Sterne. Ich mag den Mann nicht, aber er ist prominent. Und da es bei einer Veranstaltungsankündigung nicht um mich geht, sondern darum, möglichst viele Menschen für die Konferenz zu interessieren, muß ich mit dem Pfund Prominenz wuchern.

Im Vereins- oder Verbandsalltag kann diese Haltung zu Konflikten führen: wenn die Verbands- oder der Vereinsvorsitzende – ganz traditionell aber nicht publikumswirksam – in einer Presseerklärung oder Selbstdarstellung die eigene Organisation oder den eigenen Namen an erster Stelle sehen will. Es ist oft ein zähes Ringen, Chefs klarzumachen, daß Texte nicht für sie, sondern für die Öffentlichkeit geschrieben werden.

Zurück zu unserem Beispiel: Wenn die einzelnen Elemente der Textgrundlage bewertet sind, ist die Reihenfolge festzulegen. An den Anfang kommen die Informationen, denen die meisten Sterne verliehen wurden, am Ende stehen die »Einsterner«.

W-Fragen	Fakten	Bedeutung Interesse	Rang
Wer	Der Paritätische Wohl-fahrtsverband u.a.	***	3
Was	Konferenz über Sucht-prävention	***	2
Wann	20. und 21. Januar	*	6
Wo	Hamburg, Fachhochschule, Saarlandstr. 30	*	5
Wie	Vorträge und Arbeits-gruppen	**	4
Warum	Mehr Jugendliche greifen zu Drogen; es müssen neue Wege der Vorbeugung gefunden werden	****	1

Damit steht der Textaufbau fest und es kann mit dem Formulieren losgehen, mit dem Anfang, der stimmen muß. Hier mein Vorschlag:

»Anhaltend viele Jugendliche greifen zu Drogen. Abschrek-
kende Plakate, Filme und Broschüren bewirken nichts. Erforderlich sind neue Mittel und Wege in der Vorbeugung. Wie
können Jugendliche angesprochen werden? Was sind attrak-
tive Alternativen zu Alkohol, Haschisch und anderen Drogen?
Diese Fragen stehen im Mittelpunkt einer Konferenz über
Suchtprävention, die der Paritätische Wohlfahrtsverband zusammen mit den Vereinen ›Clean‹ und ›Gegendruck‹ sowie
dem Fachbereich Sozialpädagogik der Fachhochschule Hamburg durchführt.
An zwei Tagen werden Wissenschaftlerinnen und Praktiker
neue Konzepte vorstellen, die in sechs Arbeitsgruppen vertieft
werden können.
Die Konferenz findet in der Fachhochschule Hamburg statt.
Sie beginnt am 20. Januar um 10 Uhr und endet am 21.1. um
17 Uhr. Die Fachhochschule ist in der Saarlandstraße 30.«

Dieser Text ist nicht superoriginell. Er soll nicht mit Werbetex-
ten konkurrieren (nach dem Muster: »It's cool man: Eine
Konferenz. Zwei Tage volles Programm. Drogenvorbeugung
satt. Mit turboguten Vorschlägen. Von Leuten vom Fach. Hin-
gehen, mitreden...«). Die Konferenz ist eine seriöse Veranstaltung. Und seriöse Anliegen müssen angemessen ausgedrückt
werden. Wichtig ist: Seriös muß nicht langweilig heißen. Ich
empfehle keine Werbesprache. Ich empfehle, Texte so aufzubauen, daß die Informationen klar zum Ausdruck kommen, die
werbend wirken können.
Bei der Einschätzung, was die potentiellen Leserinnen und
Leser interessiert, können Sie irren. Irren ist menschlich. Entscheidend ist, daß Sie beim Schreiben die Leserinnen und Leser
im Blick haben, daß Sie die Organisationsbrille absetzen und
die Chronologie, die Freundin der Langeweile, neidlos Hi-
storikerinnen und Historikern überlassen.

2.2.3 Kurz, informativ und interessant: Überschrift

Die meisten Texte beginnen mit einer Überschrift. Auf sie gehe ich deshalb erst im letzten Teil dieses Abschnitts ein, weil ich die folgende Empfehlung auch durch die Gliederung meines Textes unterstreichen möchte: *Formulieren Sie Überschriften zum Schluß,* erst dann, wenn Ihr Text »steht«.

Ich beobachte oft, daß Ungeübte mit der Überschrift beginnen und für ein paar Wörter viel Zeit und Energie investieren. Beides fehlt ihnen dann für den weiteren Text. Und häufig werden mit der Überschrift Erwartungen geweckt, die der Text nicht eingelöst.

Eine Überschrift soll zwar Interesse, aber keine falschen Erwartungen wecken. In der Boulevardpresse - die Überschriften auf der ersten Seite sind hier oft Chefsache – folgen auf riesige und knallige Überschriften meist magere Artikel. Wer regelmäßig diese Zeitungen liest, weiß das und erwartet nichts anderes. Warum auch immer das so ist: Bei Ihrer Arbeit können Sie nicht auf eine solche Erwartungshaltung setzen. Sie machen keinen »Revolverjournalismus« und müssen (können und sollen) auf Überschriften wie »Wahnsinn! X mit Y im Bett erwischt!« verzichten.

Überschriften sind wichtig. Deshalb sollten Sie sich beim Formulieren Mühe geben. Aber treten Sie in keine falsche Konkurrenz. Eine Überschrift soll das Interesse der Leserinnen und Leser wecken und deshalb kurz, informativ und griffig sein – aber nicht reißerisch.

Damit eine Überschrift nicht zu lang wird, sollten Sie auf Artikel verzichten und auf Satzkonstruktionen, die Satzzeichen erfordern.

Damit eine Überschrift griffig wird, sollten Sie Substantivierungen und das Passiv vermeiden.

Nicht: »Für einen Klageverzicht gegen den § 218«, sondern: »CSU verzichtet auf Klage gegen § 218«.

Statt: »Uni Osnabrück wird von Abiturientinnen getestet«, besser: »Abiturientinnen testen die Uni Osnabrück«.[19]
Wenn Sie diese Hinweise (und die Empfehlungen in 2.2.1) beachten, gelingen Ihnen bessere Überschriften als die beiden folgenden. Der zitierte »Verein für Jugendsozialarbeit« eröffnet seinen Brief mit »Sehr geehrte Damen und Herren«, und die zitierte Abgeordnete der Grünen wählte folgende Überschrift: »Umweltminister ... nimmt Krebsrisiko sorglos in Kauf. Grünen Politikerin erstattet Anzeige wegen Körperverletzung im Amt durch Unterlassung.«
»Sehr geehrte Damen und Herren« ist steif und einfallslos. Das Haus der Jugend wurde saniert und steht »wieder allen Jugendlichen der Stadt zur Verfügung«. Das ist eine gute Nachricht. Warum also nicht eine Überschrift daraus machen: »Eine gute Nachricht«.
Die Überschrift der Abgeordneten stellt uns vor ein Rätsel: Riskiert der Umweltminister etwa – und das auch noch *sorglos* – die *eigene* Gesundheit? In die Unterzeile »Anzeige *wegen* Körperverletzung *im* Amt *durch* Unterlassung« wurde in scheußlichem Nominalstil zu viel hineingepackt. *Im Amt*, also als Umweltminister, versteht sich von selbst. *Durch Unterlassung* ist eine juristische Feinheit, die nicht in eine Überschrift gehört. Für das Streckverb *in Kauf nehmen* brauchen wir ein echtes: *duldet* oder *gefährdet* und für *Anzeige erstatten* ein schlichtes aber kräftiges: *anzeigen*. Dann liest sich die Überschrift so: »Umweltminister duldet Krebsgefahr. Abgeordnete zeigt Minister ... wegen Körperverletzung an.«

---

19 Anführungszeichen werden in Überschriften nur bei direkter Rede gesetzt, wenn die oder der Zitierte nicht erwähnt wird. Also entweder: »*Seehofer gefährdet Aids-Hilfe*« oder: *ABC: Seehofer gefährdet Aids-Hilfe*, jedoch nicht: *ABC:* »*Seehofer gefährdet Aids-Hilfe*«.

Ein drittes Beispiel: ein Faltblatt des »Vereins für paritätische Sozialarbeit e.V.«, in dem das Angebot der »Paritätischen Pflege-Station«[20] zur »häuslichen Kranken- und Altenpflege« vorgestellt wird. Sechs kurze Texte bis zu 20 Zeilen sind mit folgenden Überschriften versehen:

- Was ist Pflege?
- Was sind die Bestandteile und Inhalte der Pflege?
- Welche Einzelmaßnahmen können wir übernehmen?
- Wie wird Pflege finanziert?
- Was sind die Kernaufgaben unserer Sozialstation?
- Ihre Ansprechpartnerinnen!

Mir gefällt, wie hier die W-Fragen eingesetzt wurden (konsequenterweise müßte die letzte Überschrift auch mit einer W-Frage beginnen). Doch die Formulierungen sind verbschwach und substantivlastig. Mit Ausnahme von *können* und *finanzieren* wurden nur Hilfsverben verwandt. Und ausgerechnet das Modalverb *können* ist überflüssig: »Welche Einzelmaßnahmen übernehmen wir?« genügt. *Einzelmaßnahmen* ist ebenso scheußlich wie *Kernaufgaben* und *Bestandteile und Inhalte der Pflege*. Ich entschlacke diese Formulierungen und füge einige »Vollverben« hinzu:

- Was ist Pflege?
- Was gehört zur Pflege?
- Was können wir für Sie tun?
- Wer zahlt?
- Was können Sie von uns erwarten?
- Wir sind für Sie da!

---

20 Ich weiß nicht, warum dem Verein kein anderer Namen eingefallen ist. An mir liegt es jedenfalls nicht, daß es hier so »paritätelt«.

Für eine gute Überschrift müssen Sie keine Schaumschlägerei betreiben, sondern ein »Konzentrat« herstellen. Sie müssen nicht dichten, sondern verdichten: das Wichtigste in wenigen anschaulichen Worten zusammenfassen.

2.3 Berichten statt dichten, argumentieren statt lamentieren: Für Zeitungen schreiben

Reden ist Silber, Schweigen ist Blech – jedenfalls dann, wenn Sie möchten, daß über das neue Konzept Ihres Vereins etwas in der Zeitung steht. Wenn die Medien nicht über die Eröffnung Ihrer neuen Räume berichten oder über Ihre Podiumsdiskussion, Konferenz, Ausstellung, dann hat sich das, was Sie auf die Beine gestellt haben, zwar ereignet, war aber kein Ereignis. Deshalb sollte vor der Podiumsdiskussion, Konferenz usw. alles getan werden, um Journalistinnen und Journalisten für dieses Ereignis zu interessieren.

Im letzten Abschnitt habe ich gezeigt, wie Ankündigungen formuliert werden sollten, damit sie neugierig machen, Interesse wecken. Doch selbst die besten Texte sind keine Garantie dafür, daß Medienvertreter zur Konferenz kommen oder über die Ausstellung berichten. Vielleicht würden sie gerne kommen, müssen aber zur Pressekonferenz der Bürgermeisterin, die zur selben Zeit stattfindet. Vielleicht kommt ein Journalist oder eine Journalistin – aber nur weil sie das kalte Büfett lockt.

Über den Umgang mit Medienvertretern informiere ich ausführlich im nächsten Kapitel. An dieser Stelle will ich ermuntern: Geben Sie nicht auf, wenn am nächsten (oder übernächsten) Tag nichts über Ihre Veranstaltung in der Zeitung steht. Sie haben noch einen Versuch und mit den W-Fragen und der AHA-Formel die wichtigsten Werkzeuge, um selbst einen Bericht zu schreiben.

In diesem Abschnitt werden diese Werkzeuge verfeinert und ergänzt. Im Mittelpunkt steht die Frage: Was ist bei einem Bericht und was bei einem Kommentar zu beachten?

Mit *Bericht* meine ich Artikel, die in erster Linie informieren. Präziser: Nachricht ist der Oberbegriff für Meldung und Bericht. Meldungen sind kurze Nachrichten bis etwa 25 Zeilen (sie werden auch Einspalter genannt). In Berichten werden Ereignisse ausführlicher dargestellt (Zweispalter oder Dreispalter). *Kommentar* verwende ich synonym für alle Arten von Meinungsbeiträgen. Das ist, wie ein Blick in die Zeitung zeigt, eine grobe Einteilung: häufig wird zugleich informiert und kommentiert. Mir dient diese Unterscheidung zu einer übersichtlichen Darstellung.

2.3.1 AHA: Bericht

Nehmen wir an, Sie wollen über die Veranstaltungen berichten, von denen auf der Seite 94 ff. die Rede war. Dann müssen Sie entscheiden, welchen Schwerpunkt Sie setzen. Soll in erster Linie
- über den Ablauf der Konferenz bzw. Diskussion (Handlungsbericht),
- über Ergebnisse (Ergebnisbericht) oder
- über Aussagen von Teilnehmerinnen und Teilnehmern (Zitatenbericht)

berichtet werden?

Im *Ergebnisbericht* stehen am Anfang Informationen über das Ergebnis einer Veranstaltung, Konferenz oder Tagung. Danach kommen Informationen über die näheren Umstände, die zu diesem Ergebnis führten.
- Um 50 Millionen DM will Gesundheitsminister Seehofer den Etat zur Drogenvorbeugung aufstocken. Dies versprach der Minister den Teilnehmern einer Konferenz...
- Mit einem Aufruf zum Boykott von XYZ-Reisen endete gestern eine Podiumsdiskussion über Sextourismus...

Beim *Handlungsbericht* steht der Höhepunkt am Anfang. Dann folgt eine Schilderung, wie es zu diesem Höhepunkt kam. Der Handlungsbericht ist also nicht chronologisch aufgebaut.

• Unter gellendem Pfeifen brach Gesundheitsminister Seehofer seine Rede ab, die er zum Abschluß...
• Im Nu war gestern der Katalog *Männer ihrer Träume* vergriffen, den die Veranstalterinnen einer Podiumsdiskussion über Sextourismus...

Ein *Zitatenbericht* beginnt mit einer zentralen Aussage einer Politikerin, eines Konferenzteilnehmers, eines Vereinsvorsitzenden usw. Es folgen Informationen über die Hintergründe und/oder den Anlaß dieser Äußerung.
• »Die Drogenpolitik der Bundesregierung ist völlig gescheitert.« Mit dieser Feststellung eröffnete...
• »Daß meine Fluggesellschaft an dieser Schweinerei verdient, habe ich nicht gewußt«, empörte sich gestern eine Stewardeß der ABC-Air während einer Podiumsdiskussion über Sextourismus im...

Aussagen können in direkter oder in indirekter Rede wiedergegeben werden.

Direkte Rede
• »Die Drogenpolitik der Bundesregierung ist völlig gescheitert.« Mit dieser Feststellung eröffnete Maria Koch, sozialpolitische Expertin der SPD, gestern ihren Vortrag...

Indirekte Rede
• Variante 1: Die Drogenpolitik der Bundesregierung *sei* völlig gescheitert. Diese Ansicht äußerte Maria Koch...
• Variante 2: Nach Ansicht von Maria Koch *ist* die Drogenpolitik der Bundesregierung völlig gescheitert.

Meine AHA-»Aufbauformel« muß also für Berichte ergänzt werden um die Kriterien
• Höhepunkt des Geschehens,
• wichtigstes Ergebnis,
• pointiertes Zitat.

Ob man einen Ergebnis-, Handlungs- oder Zitatenbericht schreibt und wie er aufgebaut wird, hängt vom Nachrichtenwert eines Ereignisses ab. Im letzten Abschnitt habe ich vorgeschlagen, die einzelnen Textelemente nach den Kriterien »Bedeutung und Interesse« zu bewerten. Diese Kriterien können für Berichte näher bestimmt werden.

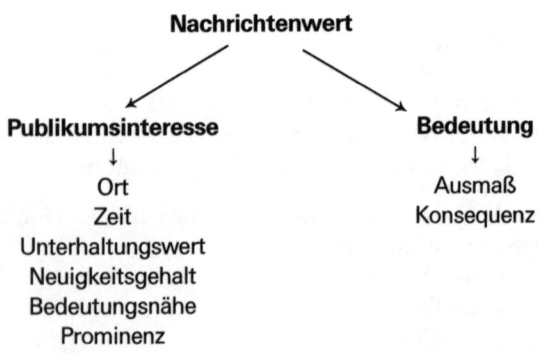

Die *Bedeutung* einer Nachricht hängt ab vom Ausmaß und den Konsequenzen eines Ereignisses. Beziehen wir diese Kriterien auf unser Beispiel: Wenn an der Konferenz viele Menschen teilgenommen haben (Ausmaß) oder wenn ein wichtiges Ergebnis erzielt wurde (Konsequenz), dann war sie ein Ereignis von Bedeutung.

Unter *Publikumsinteresse* werden folgende Faktoren gefaßt: der Ort, Zeitpunkt, Unterhaltungswert, Neuigkeitsgehalt und die Bedeutungsnähe[21] eines Ereignisses sowie die Prominenz der beteiligten Personen, Parteien, Verbände.

Ich übertrage diese Kriterien in ein Raster für einen Bericht über die Konferenz des Paritätischen Wohlfahrtsverbandes (und nehme einmal den unwahrscheinlichen Fall an, daß der Gesundheitsminister 50 Millionen versprochen hat):

W-Fragen	Fakten	Bedeutung Interesse
Wer	Gesundheitsminister, Paritätischer Wohlfahrtsverband und andere	Prominenz
Was	50 Millionen DM mehr für Suchtprävention Konferenz über Suchtprävention	Ausmaß/Konsequenz Neuigkeitsgehalt Bedeutungsnähe
Wann	20. und 21. Januar	Aktualität

21 Bedeutungsnähe haben Ereignisse, die mit den Erfahrungen und Interessen der Leserinnen und Leser verbunden sind. Viele alte Menschen lesen in der Lokalzeitung zuerst die Todesanzeigen. Für *Emma*-Leserinnen hat die Veranstaltung über Sextourismus Bedeutungsnähe, für Sozialpädagogen oder Eltern drogenabhängiger Jugendlicher die Konferenz über Suchtprävention.

Wo	Hamburg, Fachhochschule*	Nähe
Wie	Vorträge und Arbeitsgruppen	Neuigkeitsgehalt Unterhaltungswert
Warum	Mehr Jugendliche greifen zu Drogen. Neue Wege der Vorbeugung müssen gefunden werden	Ausmaß/Konsequenz

* Für einen Bericht über die Konferenz sind nähere Ortsangaben uninteressant.

Das Interesse der Leserinnen und Leser wächst, so wird angenommen, wenn ein Ereignis,
• in der *Nähe* stattfand,
• *aktuell* ist,
• einen *Unterhaltungswert* hat, weil es kurios, ungewöhnlich, spannend oder dramatisch war,
• einen *Neuigkeitswert* hat, weil es bisher noch nicht vorgekommen ist,
• den Leserinnen und Lesern etwas bedeutet, weil es ihnen thematisch »nahe« ist, und wenn
• die Beteiligten *prominent* sind.

Ich beziehe diese Kriterien auf die beiden Beispiele: Die Lokalredaktion beachtet die Konferenz bzw. Podiumsdiskussion nur dann, wenn sie in der Stadt oder Gemeinde stattfanden. Überregionale Zeitungen interessieren sich weniger für den Ort des Ereignisses.

Erscheint die Zeitung nicht täglich, tritt der Zeitpunkt der Konferenz bzw. Podiumsdiskussion in den Hintergrund. Beteiligte sich (was sicher unwahrscheinlich ist) der Bürgermeister an der Diskussion über Sextourismus, erhöht das den Nachrichtenwert. Fand in Ihrer Stadt, Ihrem Dorf oder Landkreis noch nie eine Veranstaltung über Sextourismus statt,

dann handelt es sich um ein Ereignis mit hohem Neuigkeitsgehalt.[22]
Ich übertrage diese Überlegungen in ein Raster für einen Ergebnisbericht, der unmittelbar nach der Konferenz für die Lokalzeitung geschrieben wird:

W-Fragen	Fakten	Bedeutung Interesse	Rang
Wer	Gesundheitsminister Paritätischer Wohl- fahrtsverband u.a.	Prominenz ****	2
Was	50 Millionen DM mehr für Sucht- prävention	Ausmaß/Konsequenz Neuigkeitsgehalt* ****	1
	Konferenz über Sucht- prävention	Bedeutungsnähe **	
Wann	20. und 21. Januar	Aktualität ***	3
Wo	Hamburg, Fachhoch- schule	Nähe **	4
Wie	Vorträge und Arbeits- gruppen	Neuigkeitsgehalt Unterhaltungswert *	6

22 Bedeutung und Interesse sind nicht notwendig identisch. Wenn
zum Beispiel der Enkel von Opa Schmidt nach 25 Jahren plötzlich
wieder auftaucht (und gar als Millionär aus den USA), dann mag
das viele Leserinnen und Leser des Lokalteils rühren, von allgemeiner Bedeutung ist dieses Ereignis sicher nicht.

Warum	Mehr Jugendliche greifen zu Drogen. Neue Wege der Vorbeugung müssen gefunden werden	Ausmaß/Konsequenz **	5

* Gäbe die Regierung tatsächlich mehr Geld für Vorbeugung aus, wäre das wirklich neu.

Der Gesundheitsminister und die versprochenen 50 Millionen bekommen vier Sterne. Die Veranstalter treten in der Bedeutung für den Aufbau der Meldung ebenso zurück wie die Konferenzthemen und ihr gesellschaftlicher Hintergrund.

Die genannten Kriterien orientieren sich in erster Linie an Verkaufszahlen. Zeitungsverlage sind Wirtschaftsunternehmen, die vor allem an hohen Auflagenziffern und einem guten Geschäft interessiert sind. Und die politische Grundrichtung der jeweiligen Zeitung spielt eine entscheidende Rolle bei der Nachrichtenauswahl. Ich empfehle nicht, diesen Kriterien vorbehaltlos zu folgen. Wenn Sie sich zum Beispiel dafür engagieren, daß Bäuerinnen und Bauern in der »Dritten Welt« faire Preise für ihre Produkte gezahlt bekommen, ist *Nähe* nicht gegeben (und das Thema ist bei manchen konservativen Blättern nicht gerne gesehen).
Wenn Sie einen Bericht in der Zeitung unterbringen wollen, müssen Sie auch taktische Überlegungen anstellen. Nehmen wir an, die Zeitung in Ihrer Stadt polemisiert heftig gegen die Einrichtung eines Frauenhauses. Die Initiative, in der Sie mitarbeiten, setzt sich für ein Frauenhaus ein. Sie haben eine Veranstaltung durchgeführt, auf der eine prominente Politikerin gesprochen hat. Erwähnen Sie das in Ihrer Meldung oder Ihrem Bericht für die Zeitung zuerst, bringen Sie erst danach die Argumente, die vorgetragen wurden. Es ist also nützlich,

die Kriterien zu kennen, nach denen der »Wert« einer Nachricht beurteilt wird. Kennen muß nicht anpassen heißen.

Sie können andere Entscheidungskriterien entwickeln. Wichtig ist,

- *daß* Sie Ihre Meldung oder Ihren Bericht nach Kriterien strukturieren,
- *daß* Sie sorgfältig abwägen zwischen dem, was Ihnen wichtig erscheint, und dem, was die Leserinnen und Leser interessieren könnte bzw. die zuständige Redakteurin oder den verantwortlichen Redakteur, die den Weg zu den Leserinnen und Lesern freimachen oder versperren können.

Diese Überlegungen sind auch dann wichtig, wenn Ihr Verein eine eigene Zeitung herausgibt. Für Vereins- oder Verbandszeitungen gelten keine anderen Regeln. Gehen Sie nicht davon aus, daß Vereinsmitglieder »ganz andere« Leserinnen und Leser sind, die mit Begeisterung langweilige Berichte lesen. Unterstellen Sie lieber Menschen wie »du und ich«, die nicht gelangweilt werden möchten.

2.3.2 AAS und A³: Kommentar und Leserbrief

Die »klassischen« Meinungsbeiträge in Medien sind der Kommentar, der Leitartikel und die Glosse. Kommentare werten Ereignisse und Entwicklungen. Sie sind im Fernsehen, zum Beispiel in den ARD *Tagesthemen,* und bei Zeitungen und Zeitschriften meist das Privileg leitender Redakteure.

Da Sie nicht in dieser Rolle sind, kommentieren Sie vielleicht für die Zeitung Ihres Vereins Ereignisse, schreiben gelegentlich für Ihren Verein einen Gastkommentar in der Lokalzeitung oder verfassen »kleine Kommentare«: Leserbriefe.

Für jeden dieser Fälle sollten Sie drei Hinweise beachten:

1. Die Leserin, der Leser muß über das Ereignis informiert sein, das Sie kommentieren.

2. Ein Kommentar sollte möglichst wenig Meldung enthalten. Wenn Meldungen aufgenommen werden, um deutlich zu machen, was kommentiert wird, dann nur als kurze Verweise. Zum Beispiel: »Der Bürgermeister hat sich wieder einmal als Elefant im politischen Porzellanladen erwiesen. Seine Entscheidung ...«.

3. Kommentare sind kein Forum, um »Dampf abzulassen« oder Empörung loszuwerden. Sie können ein Ereignis oder eine Entwicklung scharf kritisieren, sollten dabei aber stets *rational argumentieren.*

Argumentieren steht in diesem Abschnitt im Vordergrund. Es geht um die Frage: Wie kann eine Argumentationsstruktur aufgebaut werden, wenn Sie in einem Kommentar ein Vorgang bewerten oder in einem Leserbrief ein Ereignis kommentieren?
Die erste Antwortet lautet: *vom Ziel her denken.* Viele Meinungsbeiträge sind deshalb weitschweifig oder konfus, weil sie nicht vom Ziel des Textes her gedacht sind. Anfängerinnen und Anfänger verwenden meist sehr viel Zeit und Energie darauf, den ersten Satz gut zu formulieren. Beides fehlt ihnen dann oft für den Hauptteil des Textes.
Ich empfehle daher mit der Frage zu beginnen: Was ist das Ziel meines Artikels, was will ich erreichen? Wenn Sie darüber Klarheit haben, verfügen Sie über den entscheidenden Ausgangs- und Bezugspunkt für eine strukturierte Argumentation.
Konzentrieren Sie sich dann auf die *Begründung.* Was spricht dafür? Welche Argumente und Beispiele stützen mein Anliegen, meine Forderungen oder meinen Standpunkt? Über-

legen Sie erst zum Schluß, wie fange ich an, welchen Einstieg wähle ich?

Die Struktur des *Hauptteils* ergibt sich aus dem Ziel eines Beitrags. Ich unterscheide zwischen Texten mit dem Ziel, von einer *Problemlösung*, einem *Vorschlag* zu überzeugen, und Texten, die einen *Standpunkt* begründen.

A^3: Problemlösung

Steht eine Problemlösung, ein Vorschlag im Vordergrund, bietet sich für den begründenden Hauptteil folgende Argumentationsstruktur an:

1. Situationsbeschreibung
   Wie ist der augenblickliche Zustand? Wie war die Situation bisher?

2. Perspektive
   Wie sollte es sein? Welcher Zustand soll erreicht werden? Wie kann eine bessere Situation aussehen?

3. Lösungsmöglichkeiten
   Wie kann das Ziel erreicht werden? Wie soll vorgegangen werden? Was ist (sind) meine Forderung(en)?

Ein Beispiel:

Aufmerksamkeit wecken: Einleitung
Ein altes Sprichwort aus Asien sagt: »Umwege erhöhen die Ortskenntnis«. Gegen Umwege ist nichts einzuwenden, wenn man zum Beispiel im Urlaub mit Zeit und Muße eine fremde Stadt besichtigt. Umwege werden zu Irrwegen, wenn Menschen auf dem Weg verlorengehen.

113

Argumente: Hauptteil

1. Situationsbeschreibung
   Genau das ist die Situation in unserem Verein. Seit drei Jahren nimmt die Zahl der aktiven Mitglieder kontinuierlich ab. Vor allem Frauen und junge Mitglieder ziehen sich von der Mitarbeit zurück. Zwei Gründe werden für diesen Schritt genannt:
   - keine Möglichkeiten, wirklich Einfluß auf die Vereinsarbeit nehmen zu können,
   - fehlende Diskussionsbereitschaft des Vorstands und der Vereins»veteranen«.
   Wenn diese Entwicklung anhält, sind wir in drei Jahren ein Seniorenverein.

2. Perspektive
   Wie müßte ein Vereinsleben aussehen, das Frauen und Jugendliche nicht abschreckt? Dazu gehören sicher: Sitzungen mit lebhaften Diskussionen, bei denen gestritten *und* gelacht wird; Sitzungen, auf denen nicht nur Geschichten von früher erzählt, sondern Perspektiven entwickelt werden; Diskussionen, bei denen auf die Stimmen aller, auch junger Mitglieder, gehört wird; Sitzungen, bei denen auch über persönliche Erfahrungen und Probleme gesprochen wird, das sogenannte Private nicht verpönt ist.

3. Lösungsmöglichkeiten
   Wie ist eine solche Situation bzw. Atmosphäre zu erreichen? Mit guten Worten und Vorsätzen ist es nicht getan, das zeigen die Erfahrungen der letzten Jahre. Wir müssen neue Strukturen schaffen, die gewährleisten, daß unsere Arbeit und unsere Sitzungen effektiver und attraktiver werden.

Aufforderung: Schluß
Deshalb schlage ich folgende Veränderungen vor: ...

AAS: Standpunkt

Steht die Begründung eines Standpunkts im Vordergrund, sieht eine typische Argumentationsfolge so aus:
Aufmerksamkeit wecken: Behauptung (Einleitung)
Argumente: Begründung (Hauptteil)
Schlußfolgerung (Schluß)

Wenn Sie einen Leserbrief schreiben, beziehen Sie sich auf einen Kommentar, ein Interview oder einen Bericht. Der eigene Standpunkt wird in der Auseinandersetzung mit den Auffassungen entwickelt, die in diesem Kommentar, Interview usw. geäußert wurden. Dazu müssen Sie in der Einleitung diese Auffassungen bzw. Meinungen aufgreifen. Die Einleitung besteht dann aus zwei Teilen: Argumentation aufgreifen und eine Behauptung entgegenstellen, die Aufmerksamkeit weckt. Drei Beispiele:

1. Einem Standpunkt *widersprechen*
   Marina Klein vertritt in ihrem Leitartikel vom Wochenende die Auffassung, die Drogenszene im Schloßpark müsse »mit aller Härte« aufgelöst werden. Ich meine, ihre Vorschläge sind eine schlechte Mischung aus einem Plädoyer für Polizeiwillkür und dem Motto »Heiliger Sankt Florian, verschon' mein Haus, zünd' andere an«.

2. Standpunkte *verbinden*
   Die Grünen plädieren für eine autofreie Innenstadt. Der Einzelhandel appelliert, seine Interessen zu berücksichtigen. Ich meine, man kann die City für Autos sperren, ohne dem Einzelhandel zu schaden.

3. Standpunkte verbinden und *weiterentwickeln*
   Die Mitarbeiter klagen über fehlende Mitbestimmung. Die Leitung klagt über mangelnde Effizienz. Beide Seiten haben recht – und das Problem nur unzureichend erfaßt.

115

Diese Argumentationsschemata sind als Anregungen zu verstehen; sie können flexibel für Texte verwendet werden, in denen es darauf ankommt, schlüssig zu argumentieren. Auf keinen Fall sollten sie als Anleitung zum Schematismus mißverstanden werden.

2.3.3 Die Form muß stimmen: Manuskript

Wenn Sie sich die Mühe gemacht haben, einen Text für eine Zeitung zu schreiben, dann sollten Sie auch noch die Zeit und Energie für ein ordentliches Manuskript aufbringen. Sie erleichtern damit Redakteurinnen und Redakteuren die Arbeit und erhöhen so die Chance, daß Ihr Text gebracht wird. Zudem erspart ein ordentliches Manuskript Ärger (und Geld) beim Setzen eines Textes. Das ist ein wichtiger Gesichtspunkt, wenn Ihr Verein oder Ihre Initiative eine Zeitung herausgibt.

Die äußere Form

Der erste Eindruck ist oft entscheidend. Wenn Sie einer Zeitung keine Sensationsmeldung anzubieten haben, sollte Ihr Manuskript so aussehen, daß der zuständige Redakteur es nicht gleich in den Papierkorb wirft. Deshalb:
- schreiben Sie mit dem PC oder mit der Schreibmaschine,
- achten Sie auf ein gutlesbares Schriftbild,
- verwenden Sie DIN-A4-Papier,
- beschreiben Sie jedes Blatt nur einseitig,
- schreiben Sie mit großem Zeilenabstand, das erleichtert das Redigieren,
- lassen Sie einen breiten Rand für Korrekturen (höchstens 60 Zeichen bzw. Anschläge pro Zeile),
- vermeiden Sie Tippfehler.

Und vergessen Sie nicht,
- im Anschreiben das zuständige Ressort zu vermerken (Lokal-redaktion, Frauenredaktion usw.),
- Ihren Namen und Ihre vollständige Anschrift anzugeben.

Bei Leserbriefen sollten Sie zudem auf folgende drei Punkte achten:
- Kurze Briefe (ca. 30 Zeilen mit 60 Anschlägen bzw. Zeichen) haben die größte Chance gedruckt zu werden.
- Geben Sie den Titel und das Datum des Artikels an, auf den sich Ihr Leserbrief bezieht.
- Vergessen Sie nicht eine treffende Überschrift.

»Schreibregeln«

Redakteure stehen meist unter Zeitdruck. Es ärgert sie daher, wenn sie im Texte viel redigieren müssen. Stimmen Sie »Ihren« Redakteur freundlich, indem Sie ihm diese Arbeit ersparen. Beachten Sie einige Regeln des Metiers:

Zahlen:
Heute gilt die alte Buchdruckerregel nicht mehr, nach der die Zahlen von 1 bis 12 in Buchstaben und die Zahlen von 13 an in Ziffern zu setzen sind. Die Zahlen von 1 bis 12 werden in Ziffern gesetzt, wenn die Zahl und das folgende Hauptwort, das eine Sache näher bezeichnet, besonders beachtet werden sollen: Drucker mit 24 *Nadeln*, Kurbel mit 2 *Wellen*. In Ziffern schreibt man auch Dezimalzahlen (6,5 Prozent), Zahlen vor Abkürzungen (10 DM, 8 cm) und Wertangaben (Briefmarken zu 80 Pfennig). Zahlen von 13 an können ausgeschrieben werden, sofern sie übersichtlich sind: »Sie blickte auf fünfzig Berufsjahre zurück.« Für ungefähre Angaben gilt: Was nicht exakt gemeint ist, sollte nicht in Ziffern geschrieben werden: »Tausend Teilnehmer«, wenn es nicht exakt 1000 sind. Und bei

117

Vergleichen wird für Zahlen eine Schreibweise gewählt: »Gegen den Antrag stimmten 25 Kolleginnen, für ihn 8.«

Abkürzungen:
Vermeiden Sie Abkürzungen.

Namen:
Personen werden in Meldungen und Berichten mit Vor- und Zunamen erwähnt. Es ist nicht üblich, *Herr* oder *Frau* dem Namen voranzustellen. Titel wie *Dr.* oder *Prof.* werden in einigen Medien genannt, bei anderen nicht. Titel sollten dann aufgeführt werden, wenn sie mit dem Inhalt einer Meldung oder eines Berichts direkt zu tun haben.

Korrekturen:
Wenn Sie sich verschrieben haben, sollten Sie weder einen Buchstaben überschreiben noch ein Wort in den laufenden Text einfügen. Verwenden Sie die üblichen Korrekturzeichen, die im *Duden* Band 1 (Rechtschreibung) erläutert werden. Enthält Ihr Text viele Fehler, sollten Sie ihn nochmals tippen bzw. drucken: Auch die Form muß stimmen.

2.4 Gewinnen statt abschrecken: Briefe

In vielen Vereinen diskutiert man Wochen und Monate über ein neues Logo oder streitet heftig darüber, ob Faltblätter künftig zwei- oder dreifarbig gedruckt werden sollen. Mit Diskussionen über CI und CD können Vereine leicht viele Sitzungen verbringen. Bei diesen Debatten ist regelmäßig »die Sprache in Urlaub«, spottet Gerhard Bungert.[23] Diese Feststellung mag überzogen sein. Nach meinen Erfahrungen trifft sie für eine Textform in jedem Falle zu: Briefe.

Für die meisten Vereine hat Korrespondenz nichts mit Öffentlichkeitsarbeit zu tun. Briefe schreiben gilt als lästige Pflicht, die mehr oder minder routiniert erledigt wird, wenn alles »Wichtige« getan ist. Mit dieser Auffassung haben sehr unterschiedliche Vereine eine große (unausgesprochene) Gemeinsamkeit mit Unternehmen, Behörden und Parteien.

Eine Fehleinschätzung: Briefe sind ein Kommunikationsmittel, das gerade für die Vereine besonders wichtig ist, die über keinen großen Etat für Öffentlichkeitsarbeit verfügen. Briefe sind Visitenkarten. Briefe machen einen guten oder schlechten Eindruck – der sich herumspricht. Mit einem Brief als erste Reaktion auf eine Anfrage oder eine Bitte um Informationen können Interessierte gewonnen oder abgeschreckt werden. Abschreckende Briefe können teure Imagekampagnen ins Leere laufen lassen. Hans-Peter Förster spricht, um die Bedeutung von Briefen für den Erfolg von Unternehmen zu unterstreichen, von Brief-»Autorinnen und Autoren«[24]. Kurz: Briefe sind ein kleines – aber wichtiges – Kommunikationsmittel, das bis zu Mailings unterschiedlicher Art ausgebaut werden kann. Ich gebe in diesem Abschnitt Hinweise für künftige Auto-

---

23 Weiter im Text. Zürich 1992, S. 17.
24 Corporate Wording. Frankfurt/Main, New York 1994, S. 170.

rinnen und Autoren von Briefen. Diese Hinweise beziehen sich nicht auf eine bestimmte Versandart; sie gelten zum Beispiel auch für Fernkopien. Angesichts der verbreiteten Faxomanie erinnere ich daran, daß das schönste Design Ihres Briefpapiers und der beste Laserdrucker wenig nützen, wenn die Qualität des Empfangsgerätes schlecht ist oder der Adressat Ihres Schreibens ein schlecht zu lesendes, verknittertes Blatt Thermopapier in der Hand hält. Schicken Sie, wenn es Ihre Zeit erlaubt, einen Brief und kein Fax.

2.4.1 Verständlich, ansprechend, freundlich: Der Brief

Watzlawiks Feststellung, wir könnten nicht *nicht* kommunizieren, gehört mittlerweile ebenso zum Alltagswissen wie sein damit verbundenes »Axiom«, daß jede Kommunikation einen »Inhalts- und Beziehungsaspekt« hat. Und in einer »Nachricht« steckt noch mehr: ein »Appell« und eine »Selbstkundgabe«, durch die der »Sender« etwas über sich mitteilt.[25]

Korrespondenz ist Kommunikation. Ein Brief mit vielen Tippfehlern, geschrieben auf einer Schreibmaschine mit abgenutztem Farbband und unregelmäßigem Anschlag, signalisiert: *Wegen Ihnen gebe ich mir keine Mühe* (Beziehungsaspekt). Ein unverständlicher Text ohne ein freundliches Wort offenbart: *Ich finde es nicht wichtig, mich verständlich auszudrücken* (Selbstkundgabe). Der gesamte Brief kann als Appell verstanden werden: *Laß' mich gefälligst in Ruhe!*

Wenn Briefe einen anderen Effekt erzielen sollen, müssen Form und Ansprache stimmen. Briefen eine ansprechende Form zu geben, ist die leichtere Übung. Es müssen lediglich ein paar Gepflogenheiten beachtet werden (vgl. S. 127). Mit der An-

---

25 Friedemann Schulz von Thun: Miteinander reden 2. Reinbek 1989, S. 19 f.

sprache ist es schon schwieriger, weil viele zunächst einiges verlernen müssen.

Selbst wenn ein Verein modern, progressiv, innovativ oder unkonventionell ist: Wenn es zum Brief kommt, regiert der Amtsschimmel, erlebt der Bürokrat im Nonkonformisten seine Auferstehung, wird die Waldorfpädagogin zur Bürokratin. Weder Nonkonformist noch Waldorfpädagogin würden zu ihrem Gemüsehändler bzw. ihrer Biobäuerin sagen: »Ich erlaube mir den höflichen Hinweis, daß sowohl das an mich zur Auslieferung gebrachte Gemüse als auch die Früchte diverse Mängel aufweisen. Ich muß daher darum ersuchen, daß Sie die Ware zurücknehmen.«

Aber viele Nonkonformisten und Waldorfpädagoginnen schreiben so umständlich und geschraubt. In ihren Briefen wird aus *von uns* »unsererseits«, aus *sofort* »mit sofortiger Wirkung«, aus *mitteilen* »davon in Kenntnis setzen« usw. In Briefen, die ich von Vereinen und Verbänden bekomme,

- wird gehofft, *gedient zu haben (dienlich gewesen zu sein)*,
- bittet man *höflichst* oder
- *gestattet* sich, darauf hinzuweisen,
- und statt einfach aufmerksam zu machen, *erlaubt* man sich, darauf aufmerksam zu machen, daß...

Es tummeln sich Abkürzungen wie o.g. und ggf. Dieser Stil läßt sich etwa so zu einem Kurzbrief verdichten: Aufgrund Ihrer o.g. Anfrage dürfen wir – unter Bezug auf unser erstes Schreiben – Ihnen höflichst mitteilen, daß wir nicht gerne schreiben. Also lassen Sie uns ggf. unsere Ruhe.

Übertrieben? Zwei Beispiele aus meiner Post: Ein alternativer Reiseveranstalter schickte mir mit Informationen über »Outdoor-Aktivitäten (Canyoning, Caving, Rafting)« folgenden Brief:

121

>»Vielen Dank für Dein Interesse an unseren Sommeraktivitäten. Anbei übersenden wir Dir die von Dir gewünschten detaillierten Unterlagen der einzelnen Programme. Wir hoffen, die Informationen finden Einklang mit Deinen Vorstellungen und würden uns freuen, bald von Dir zu hören. Falls es dennoch Unklarheiten gibt, stehen wir jederzeit für telefonische Rückfragen zur Verfügung.«

Von einem Verband für Sozialarbeit erhielt ich folgende Anfrage einer Bildungsreferentin:

>»Sehr geehrter Herr Dr. Franck,
>Ihr gemeinsam mit Frau ... veröffentlichtes Buch ... hat uns veranlaßt, an Sie beide die Bitte heranzutragen, ein ... Seminar in unserem Haus zu o. g. Termin durchzuführen.«

Steif, bürokratisch, aufgeblasen – oder freundlich formuliert: unbeholfen. Wie sollten Briefe geschrieben werden, die einen besseren Eindruck machen, die werbend wirken? Wie können Briefe zum Ausdruck bringen, daß ein Verein zupackend, aufgeschlossen, dynamisch, sympathisch ist – oder wie immer Ihr Selbstbild sein mag?
Mit einem Werbeslogan geantwortet: **VFA** und alles geht klar.
Seriös: Briefe müssen
• verständlich und sollten
• freundlich und
• ansprechend sein.

Damit Briefe verständlich und ansprechend geraten, sollten Sie kurz und prägnant, konkret und anschaulich schreiben. Wie das geht, habe ich im Abschnitt 2.1 gezeigt: viele Verben, keine Schachtelsätze, im Aktiv ohne Silbenschleppzüge schreiben, Abkürzungen vermeiden. Diese Hinweise müssen lediglich um die Warnung vor einigen Amtsfloskeln ergänzt werden.

122

- Schreiben Sie nicht: »Wir haben Ihr Schreiben vom ... *dankend erhalten*«, sondern: Vielen Dank für Ihren Brief vom ...
- Vermeiden Sie: »*Aufgrund* unserer guten Zusammenarbeit...«, schreiben Sie: Wir haben immer gut zusammengearbeitet, deshalb ...
- Statt: »*Bezug nehmend* auf Ihre Anfrage ...«, besser: Hier die Antworten auf Ihre Fragen: ...
- Nicht: »... *zwecks* Information...«, sondern: zur Information ...
- Sie »*müssen*« auch nicht »mitteilen«, teilen Sie einfach mit.

Korrespondenz ist Kommunikation. Ansprechende und freundliche Korrespondenz gelingt dann, wenn Briefautorinnen und -autoren sich an alltäglichen Kommunikationssituationen orientieren, vor allem am (Telefon-)Gespräch. Aber auch vom Fernsehen, von Magazinen und einer Krimiserie, kann man etwas lernen – vor allem mit Blick auf den Anfang und den Schluß, die Anrede und den Gruß.
Doch zunächst: Freundlich schreiben heißt nicht: unterwürfig formulieren. Verzichten Sie auf
- »Ich *hoffe*, Ihnen *gedient zu haben* (*dienlich gewesen zu sein*)«, freuen Sie sich lieber, wenn Sie helfen konnten;
- »*Darf* ich mich für ... bedanken«, schreiben Sie schlicht: Vielen Dank für...;
- »*Möchten* wir Sie *höflichst bitten*, ...«, tun Sie es einfach – und denken Sie daran, daß *bitten* schon *höflich* ist.

Der »Sehr *verehrte* Herr Stadtrat« kann auch mit »Sehr geehrter Herr Stadtrat« leben. Statt der »*vorzüglichen* Hochachtung« reicht, wenn es formell sein soll, »Hochachtungsvoll«.
Wenn Sie jemanden treffen oder anrufen, sagen Sie »guten Tag«. Das ist freundlich und nicht unhöflich. Warum sollte das bei einem Brief anders sein? Ich meine, »guten Tag« ist ein sehr guter und gewinnender Ersatz für »sehr geehrte(r) ...«. Und

123

diese Anrede hat den Vorteil, daß Sie sich das steife »sehr geehrte Damen und Herren« sparen können, wenn Sie weder Namen noch Geschlecht der Empfängerin bzw. des Empfängers kennen.

Wenn Ihnen mein Vorschlag gefällt, Sie sich aber (noch) nicht trauen, ihn umzusetzen, versuchen Sie es in der ersten Zeit doch einmal mit »Guten Tag, sehr geehrte Frau Müller« (oder: »Guten Tag, lieber Herr Schulz«).

Wie beenden Sie (Telefon-)Gespräche? Mit »ein schönes Wochenende« oder mit »*hochachtungsvoll*«? Mit »viele Grüße an Ihren Mann« oder mit »*vorzüglicher Hochachtung*«? Sagen Sie: »Ich rufe in den nächsten Tagen noch einmal an« oder: »*Ich verbleibe mit*...«? Bevorzugen Sie: »Melde Dich doch bald mal wieder« oder: »In *Erwartung Deiner ... verbleibe ich*...«?

Ich schließe Briefe mit »viele Grüße nach Halle« oder »viele Grüße an die Saale«, bei schönem Wetter sind es auch schon mal »sonnige Grüße aus dem Rheinland«. Wenn ich sicher bin, daß mein Brief an einem Montag oder Freitag gelesen wird, wünsche ich »einen guten Start in die neue Woche« oder »ein schönes Wochenende«. Ich schreibe mit einer bestimmten Haltung: Briefe sind viel zu wichtig, um dem Stil von Amtsleitern oder Lehrerinnen der Höheren Handelsschule zu folgen. Briefe sind nicht »das ganz Andere« – und deshalb bemühe ich mich um Leben in Briefen.

Für den Briefanfang und das Briefende mache ich Anleihen beim Fernsehen. Die *Tagesthemen* oder politische Magazine beginnen nicht mit »guten Abend«, sondern mit einer kleinen Vorschau. Etwa so: »Fallschirmspringer Möllemann ist auf dem Mainzer FDP-Parteitag unsanft gelandet.« Erst dann folgt das »Guten Abend, meine Damen und Herren.«

Mit einer solchen Vorschau statt einem steifen »Betrifft: ... Seminar«, gar noch erweitert um: »Hier: 2 Tage-Seminar in...« können Leserinnen und Leser gewonnen werden. Bemühen Sie sich um einen freundlichen Einstieg, wenn immer es möglich ist, um eine gute Nachricht. Vergleichen Sie bitte den folgenden Briefanfang mit dem auf Seite 122 zitierten:

»Ihr Buch hat mir gut gefallen

Guten Tag, Herr Franck,

und weil es mir so gut gefallen hat, möchte ich Sie als Leiter eines ... Seminars gewinnen.«

Früher schrieb man unter den Gruß das, was man vergessen hatte. Wer einen PC besitzt, braucht nicht den gesamten Brief noch einmal zu schreiben, wenn etwas vergessen wurde, sondern kann Informationen problemlos nachträglich einfügen. Ein Postskriptum ist also nicht mehr notwendig.
Verzichten Sie trotzdem nicht auf einen Nachsatz. Heben Sie eine wichtige bzw. erfreuliche Mitteilung durch einen Nachsatz hervor. Nutzen Sie den »Columbo-Effekt«[26]: Peter Falk dreht sich in der Krimiserie *Columbo* nach einem Gespräch an der Tür noch einmal um: »Ach, fast hätte ich vergessen...« – und dann kommt, ganz zum Schluß, die entscheidende Frage. Nutzen Sie, wenn immer es sinnvoll möglich ist, dieses dramaturgische Element. Dieser Aufmerksamkeitswecker erzeugt vor allem dann Wirkung, wenn am Schluß eine gute Nachricht steht – wie in der folgenden VFA-Version des auf Seite 122 zitierten Briefes:

---

26 Diesen Begriff übernehme ich von Gerhard Bungert: Weiter im Text. Zürich 1992, S. 125.

»Viel Spaß beim Lesen

Guten Tag, lieber Norbert Franck,

hier kommt das gewünschte Programm – eine Mischung aus neuen und bewährten Angeboten.
Wir hoffen, es ist etwas für Dich dabei. Wenn Du noch Fragen hast, melde Dich bitte.

Viele Grüße an den Rhein

Petra ABC
für XYZ-Reisen

Das Beste zum Schluß: Wenn Du bis zum 15.6.19.. eine Reise buchst, sparst Du 10 %.«

Absender

Petra Leserin
Im Buch 1
12345 Hier   3. Mai 19..

Hier sind die gewünschten Informationen

Guten Tag, liebe Leserin,

ich freue mich, daß Sie bis zu dieser Seite durchgehalten
haben. Ihren Wunsch, mehr über die Form ansprechender
Briefe zu erfahren, erfülle ich gerne. Aus meiner Sicht sind
dies die wichtigsten Punkte:

Schreiben Sie im Flattersatz ohne Trennungen. Bei längeren
Briefen können Sie bis zu 80 Zeichen bzw. Anschläge pro
Zeile schreiben, bei kürzeren wie diesem weniger.

Beim Datum wird der Monat ausgeschrieben. Lassen Sie das
Wort »Betreff« weg, und heben Sie den Betreff hervor durch
Fettdruck. Der Hinweis auf Anlagen erfolgt 2 Zeilen nach
dem (Firmen-)Namen. Das Wort »Anlage« wird nicht
geschrieben und einem Nachsatz nicht »PS« vorangestellt.

Ein Muster für die Anrede sehen Sie oben. Hier noch zwei
Vorschläge für den Gruß: »Bunte Herbstgrüße vom Rhein«,
»Viele Grüße nach Hamburg«.

Weiter viel Spaß beim Lesen
wünscht Ihnen

Norbert Franck

Wenn Sie Informationen über den Schriftverkehr mit
Behörden brauchen oder über Bewerbungsschreiben und
Privatbriefe, schauen Sie doch mal in mein Buch
Schreiben wie ein Profi, das im Bund-Verlag erschienen ist.

2.4.2 Nicht nur wenn es ums Geld geht: Das Mailing

»Ich möchte Ihnen bis zu 288,– DM Honorar zahlen«, kündigt mir die *Axel Andersson Akademie* auf dem Briefumschlag an. Sie will mir ihre »Schule des Schreibens« andrehen. »Streng vertraulich« steht auf dem Briefumschlag der *Nordwestdeutschen Klassenlotterie*. In ihrem Brief lobt sie mich als »kühlen Rechner« und will mich ausgerechnet zum Glücksspiel verleiten.

Mehr als einmal in der Woche[27] haben wir einen Brief mit einem Glückspfennig im Briefkasten oder die Mitteilung: »Herzlichen Glückwunsch! Sie haben gewonnen! Rubbeln Sie gleich Ihre Gewinnummer frei!« Man schmeichelt, wir gehörten zum »ausgewählten Kreis« derer, die in den Genuß, Vorzug oder sonst was kommen. Wir werden eingeschüchtert: »Sie denken doch sicher an die Zukunft Ihrer Kinder!« Und natürlich heißt das: Schließen Sie bei uns eine Versicherung ab.

Für Direktwerbung, für Mailings werden in jedem Jahr Milliarden ausgegeben. 1994 wurden in der Bundesrepublik 4,6 Milliarden Werbebriefe und 1,9 Milliarden Wurfsendungen mit der Post verschickt.[28] In Massenpost wird durch persönliche Anrede in jedem zweiten Absatz vorgetäuscht, es handele sich um ein individuelles Schreiben. Jedes fünfte Wort ist ein Superlativ. Und beim Drucken dieser Briefe wird die gesamte Farbpalette genutzt. Die meisten Mailings folgen dem Motto ABD: anbiedern, bevormunden, für dumm verkaufen.

Viele Menschen sind deshalb nicht nur der Reklamezettel von Super- und Baumärkten überdrüssig. Sie haben auch keine

---

27 Jeder Haushalt erhält durchschnittlich zwischen 60 und 70 Werbebriefe pro Jahr.

28 Zentralverband der deutschen Werbewirtschaft (Hrsg.): Werbung in Deutschland 1995. Bonn 1995, S. 285 f.

Lust, Werbebriefe zu entsorgen und machen das mit einem Aufkleber auf ihrem Briefkasten deutlich: »Keine Werbung einwerfen!«

Ich weiß nicht, ob viele Firmen bzw. Agenturen einfach einfallslos sind, oder ob sich immer noch genügend Dumme finden, die auf ihre Versprechen hereinfallen. Ich weiß aber, daß viele dieser Briefe ungelesen im Papierkorb landen – weil weder der Text noch die Form ansprechen.

Sie haben nichts zu verkaufen und fragen deshalb vielleicht, was geht's mich an? Ich habe auf der Seite 91 den Anfang eines Briefes zitiert, den der »Verein für Jugendsozialarbeit« in Bad Honnef an alle Haushalte verteilte. Direktwerbung – oder vornehmer: Direktmarketing – ist also auch für Vereine ein Mittel der Öffentlichkeitsarbeit. Der Brief war kein Mailing im Wortsinne, denn er wurde nicht mit der Post geschickt. Es geht mir jedoch nicht um Versandwege oder begriffliche Feinheiten, sondern um zwei Fragen: Wofür können Vereine das Medium Brief nutzen, um eine größere Zahl Menschen anzusprechen? Für diesen Zusammenhang übernehme ich aus der Werbebranche den Begriff *Mailing*. Wie kann durch Text und Gestaltung ein ansprechendes Mailing erreicht werden?

Der »Verein für Jugendsozialarbeit« wollte mit seinem Mailing Mitglieder gewinnen. Ich dokumentiere diesen Brief auf der Seite 132, weil an ihm sehr gut einige typische Fehler erläutert werden können.

Viele Vereine verschicken nur dann Briefe, wenn sie etwas wollen – meist eine Spende. Dagegen ist nichts einzuwenden. Doch das Mittel Mailing darf sich nicht darin erschöpfen. Gerade wenn ein Verein etwas will, zum Beispiel Geld, ist es wichtig, daß die Empfängerinnen und Empfänger den Verein in der Vergangenheit schon einmal anders wahrgenommen haben – als ein »Unternehmen«, das auch etwas auf die Beine stellt. Andernfalls erscheint der Verein lediglich als (lästiger)

Bittsteller, und die Spendenbereitschaft läßt über kurz oder lang nach.

Greenpeace ist auf dem Spenden-»Markt« unter anderem deshalb so erfolgreich, weil über die Medien anschaulich zu verfolgen ist, wofür die Spenden verwendet werden. Aus diesem Beispiel können zwei Schlußfolgerungen gezogen werden:

1. Wenn Sie ein Spenden-Mailing machen, sollten Sie einen konkreten, greifbaren Verwendungszweck angeben können: »Wir brauchen, um X zu erreichen ein Y, das Z DM kostet.« Werben Sie um Spenden, um ihre Arbeit »fortsetzen zu können«, bleibt das sehr allgemein und hat keinen starken Aufforderungscharakter.
2. Es ist Teil der Öffentlichkeitsarbeit, ab und an etwas von sich »hören« zu lassen. Es muß nicht die spektakuläre Besetzung einer Ölplattform sein, über die alle Medien berichten. Wenn Ihr Verein ein sinnvolles Projekt plant, informieren Sie die passiven Mitglieder und Interessierte darüber. Schreiben Sie einen, wie es neudeutsch heißt, »Newsletter«: Schicken Sie alle zwei, drei oder vier Monate einen Brief »Neues von unserer Arbeit« heraus. Dieser Informationsbrief kann mit dem Nachsatz enden, daß Spenden von der Steuer abgesetzt werden können oder, um auch die zum Spenden zu ermuntern, die wenig Geld haben: »Wir freuen uns über jeden Betrag. Auch Spenden von 20 oder 30 DM helfen uns weiter.« Machen Sie regelmäßig ein »Lange nichts gehört«-Mailing an alle, die in den letzten sechs (oder zwölf) Monaten Informationen angefordert, sich aber nicht mehr gemeldet haben: Informieren Sie, was es im Verein Neues gibt. Ich bekomme ungefähr alle drei Monate von einer Werbeagentur, mit der ich ein Jahr zusammengearbeitet habe, einen »Positive letter«, in dem die Agentur über positive Entwicklungen in ihrem Hause informiert. Für nicht einmal 10 DM pro Jahr bringt die Agen-

tur sich so bei einem Multiplikator und potentiellen Kunden originell und unaufdringlich in Erinnerung. Die Wirkung ihres »letters« (Anglizismen müssen in dieser Branche wohl sein) beruht nicht auf einem großen finanziellen Aufwand, sondern auf zehn bis zwanzig gut getexteten Zeilen.

Beim Schreiben und Gestalten von Mailings sollten Sie sich weder an den marktschreierischen Werbesendungen orientieren noch an der bürokratischen Orgie des »Vereins für Jugendsozialarbeit«.

Bescheiden in der Form

Ich habe im ersten Kapitel in der Sprache der PR-Zunft den Grundsatz *form follows function* hervorgehoben. Ich übersetze ihn für Mailings: in der Form bescheiden auftreten. Verzichten Sie (auch wenn Sie es sich leisten können) auf aufwendiges Briefpapier und Mehrfarbendruck, eine Zusatzfarbe genügt. Ihr Brief sollte keine Assoziation mit kommerziellen Unternehmen hervorrufen. Eine aufwendige Gestaltung ist vor allem dann unangebracht, wenn Sie um Spenden für Ihre Arbeit oder Menschen in Not werben. Nutzen Sie nicht, wie häufig empfohlen wird, »die ganze typographische Klaviatur: unterstreichen, einrücken, in Kästen setzen, Kursivschrift usw.«[29] So würden Sie nie einen Brief schreiben. Verzichten Sie deshalb auf Gestaltungsmätzchen: ein *Serien*brief soll ein *Brief* bleiben, für dessen Gestaltung Sie mit den Hinweisen auf der Seite 127 gut auskommen. Da Autodidakten »immer übertreiben« (wie es in Fontanes *Stechlin* heißt), sollten alle, die keine Profis am PC sind, besonders zurückhaltend sein mit der »typographischen Klaviatur«. Briefe geraten sonst leicht aus der Form.

---

29 Ulrich Herzog: Text in der Praxis. Essen 1991, S. 226.

Verein für Jugendsozialarbeit e. V.

Verein für Jugendarbeit e. V.   Rückfragen an:
Postfach Ort

Ihr Zeichen	Ihre Nachricht	Unser Zeichen	Datum
			im Juli 19..

Werden Sie Mitglied im Verein für Jugendsozialarbeit

Sehr geehrte Damen und Herren,

in gemeinsamer Anstrengung mit der Stadt Bad Honnef und dem Rhein-Sieg-Kreis ist es dem Verein für Jugendsozialarbeit e. V. gelungen, das Haus der Jugend an der Bahnhofstraße 2 zu sanieren und die unter pädagogischer Leitung stehende Einrichtung wieder allen Jugendlichen der Stadt zur Verfügung zu stellen.

Der Trägerverein kann sich jedoch nicht selbstzufrieden zurücklehnen. Verbesserungen in den Angeboten mit dem Ziel einer höheren Akzeptanz sind ein Nahziel, das mit langem Atem erreicht werden soll. Darüber hinaus hat sich im Stadtteil Aegidienberg eine Initiativgruppe gegründet, die mit dem Verein einen Jugendtreff in Aegidienberg einrichten möchte.

Für alle diese Aktivitäten benötigt der Verein nicht nur materielle Unterstützung, sondern auch Mitglieder, die sich der offenen, überparteilichen und weltanschaulich neutralen Jugendarbeit verbunden fühlen und bereit sind, die Arbeit ideell mitzutragen.

Der Vorstand bittet Sie daher darum, Mitglied des Vereins für Jugendsozialarbeit und damit sein Förderer zu werden. Sie können damit wesentlich dazu beitragen, daß sich Offene Jugendarbeit unter freier Trägerschaft in unserer Stadt weiter fortentwickeln kann. Der jährliche Mitgliedsbeitrag beläuft sich lediglich auf 24,00 DM.

Für weitere Auskünfte stehen die Vorstandsmitglieder gerne zur Verfügung.

In der Hoffnung, Sie bald als neues Mitglied begrüßen zu können, verbleiben wir
mit herzlichen Grüßen

P.E.	M.P.	C.N.
Vorsitzender	Geschäftsführer	Kassiererin

ABC Bank Bad Honnef 1234567 [BLZ 36061288]

Richten Sie Ihre Energie lieber darauf, jeden Brief in der Serie mit der Anschrift und einer persönlichen Anrede zu versehen. Das ist mit jedem besseren Textverarbeitungsprogramm mühelos machbar. Wenn Sie diese Anforderung nicht bewältigen können oder einen Standardbrief drucken wollen, weil Sie nur gelegentlich auf Anfragen antworten, bemühen Sie sich um die zweitbeste Lösung, um eine Zielgruppen-Ansprache: Liebe(r) Kunstfreund(e), Frauen, Väter, Ex-User, Interessentin usw. Bleibt Ihnen dann noch Zeit, kleben Sie Briefmarken auf die Umschläge statt eine Frankiermaschine zu benutzen, das gibt den Briefen eine persönliche Note.

Nehmen Sie auf keinen Fall die Sorte Briefpapier, die der »Verein für Jugendsozialarbeit« einsetzt: *Ihr Zeichen, Unser Zeichen* usw. erinnert an unpersönliche Schreiben vom Finanzamt und anderen Behörden. Der »Verein für Jugendsozialarbeit« macht noch eine weitere Behördenanleihe, die seinem Brief die letzte persönliche Note nimmt: Die Damen und Herren vom Vorstand haben nicht unterschrieben – nach dem Bürokratenmotto: »Gültig ohne Unterschrift«.

Klar und ansprechend der Inhalt

Für den Aufbau und Stil eines Mailings ist die A³-Formel (vgl. S. 113) hilfreich und das, was ich im vorangegangenen Abschnitt über Briefe geschrieben habe. Ich kontrastiere diese Empfehlungen mit dem Brief des »Vereins für Jugendsozialarbeit«:

»Werden Sie Mitglied im Verein für Jugendsozialarbeit!« ist eine klassisch schlechte Überschrift. Von einem *klassisch* mißlungenen »Betreff« spreche ich deshalb, weil – wie in so vielen Texten von Vereinen – die falsche Perspektive gewählt wurde: der Vereinsnutzen. Es wird, und das ist der klassische Fehler, nicht unterschieden zwischen dem Zweck des Mailings und der Ansprache. Um den Zweck zu erreichen, muß der Text aus der Sicht der Adressatinnen und Adressaten aufgebaut werden: Was haben sie davon, wenn sie meiner Aufforderung folgen?[30]

Ich habe auf der Seite 100 folgende Überschrift vorgeschlagen: »Eine gute Nachricht«. Für eine pfiffigere Überschrift liefert der Brief keine Anhaltspunkte. Optimal ist die Überschrift erst dann, wenn der Nutzen eines nicht kommerziellen Freizeitangebots hervorgehoben wird, an dem zumindest Eltern interessiert sein könnten.

Der Fehler in der Überschrift wird im zweiten Absatz wiederholt: Statt vom Interesse der Adressaten her zu argumentieren (und rasch zur Sache zu kommen), folgt nach einer steifen Anrede und einem mißlungenen Einstieg[31] ein Selbstappell: »Der Trägerverein kann sich jedoch nicht selbstzufrieden zurücklehnen« (warum eigentlich nicht? Und was ist ein *Trägerverein?*), gefolgt von einem Zweifel: »Verbesserungen in den Angeboten mit dem Ziel einer höheren Akzeptanz« (aha, daran mangelt es offenbar) und abgerundet durch einen Schuß Hoffnungslosigkeit: »sind ein Nahziel, das mit langem Atem erreicht werden kann« (schon für ein Nahziel brauchen die einen *langen* Atem!).

Diese Vereinsprosa wäre in einem Rechenschaftsbericht, der intern bleibt, noch halbwegs akzeptabel; werbend ist sie nicht. Erst im dritten Absatz geht es zur Sache – und wieder daneben: Statt klar zu schreiben, »was Sache ist«, wird Vereinsphilosophie geboten: »offene, überparteiliche und weltanschaulich

---

30 Im kommerziellen Bereich heißt das: den Nutzen für die Verbraucherinnen und Verbraucher herausstellen; in der Werbebranche wird gerne und häufig davon gesprochen, daß die »benefits« (Vorteil, Nutzen) »kommuniziert« werden müssen.

31 Die Anrede und den Einstieg habe ich bereits kommentiert (vgl. S. 123 u. 90).

neutrale Jugendarbeit«. Ist dieses Etikett ein Gütesiegel, gehört es nicht in einen Nebensatz. Wenn der Verein Spenden will oder Mitglieder, die seine »Arbeit ideell mittragen« (was immer das ist), dann geht es auch eine Nummer kleiner, dann reicht die Aufforderung, sinnvolle Jugendarbeit zu unterstützen – auch ohne Bekenntnis zur Vereinsphilosophie von der »überparteilichen und weltanschaulich neutralen Jugendarbeit«.

Schließlich »verbleibt« der Vorstand »mit herzlichen Grüßen« und überläßt es den Lesenden, ob sie darüber rätseln wollen, wo denn der Vorstand *verbleibt,* oder über die Frage, ob die Grüße nur unter der Bedingung herzlich sind, daß man Vereinsmitglied wird.

Es geht mir nicht darum, einen kleinen Verein herunterzuputzen. Ich habe den Brief so bissig kommentiert, um nochmals einen zentralen Gedanken jeder Öffentlichkeitsarbeit deutlich zu machen: Es hängt vor allem von der Perspektive ab, von der aus geschrieben wird, ob ein Text gelingt oder mißlingt. Man muß kein großer Texter oder eine begnadete Texterin sein, um ansprechende Briefe zu schreiben oder ein erfolgversprechendes Mailing auf den Weg zu bringen. Wenn die Schreibperspektive stimmt, können Sie mit den Hinweisen in diesem Kapitel passable Ergebnisse erzielen.

3. Wirksame Pressearbeit

Sie sind dumm, faul und ignorant – Journalistinnen und Journalisten. Sie sind zu dumm, aus detaillierten Ausführungen über die Probleme, die sich aus den neuen Bestimmungen des BSHG für die Sozialarbeit ergeben, eine Nachricht zu machen. Sie sind zu faul, einen vierseitigen Bericht über das Treffen der Lateinamerika-Solidaritätsgruppen zu einer vernünftigen Meldung zu verarbeiten. Sie sind ignorant und berichten nie über die Mitgliederversammlung des Kreisverbands der Grünen. Aber wenn sie Gerüchte über einen heftigen Streit im Kreisvorstand aufgeschnappt haben, rufen sie gleich dreimal am Tage an.

So oder so ähnlich klagen die Verantwortlichen für Pressearbeit, wenn ihre Organisation in den Medien nicht gut »rüberkommt«. Klagen hilft nicht. Es führt zu nichts, in das Klagelied über diese Berufsgruppe einzustimmen, wenn die gewünschte Medienresonanz ausbleibt. Und in der Regel wissen die Kläger: Auch auf Journalistinnen und Journalisten trifft die Volksweisheit zu, daß es immer »solche und solche« gibt. Es ist nicht die vordringliche Aufgabe der Medien, freundlich zu einer Organisation zu sein. Wenn zum Beispiel die beiden großen Parteien im Bundestag für höhere Diäten die Verfassung kneten, dürfen sie sich nicht wundern, wenn sie eine schlechte Presse bekommen.

Journalistinnen und Journalisten sind an brauchbaren Informationen interessiert. Für den Umgang mit ihnen, für jede Pressearbeit ist deshalb ein altes Sprichwort sehr hilfreich: »Was Du nicht willst, das man Dir tu', das füg' auch keinem anderen zu.« In der Regel lesen nur Fachleute (notgedrungen) ausführliche Texte über Gesetzesbestimmungen. Die wenigsten wollen umfassende Berichte über eine Tagung lesen. Interessant ist, wie der Bundeskanzler treffend formuliert, »was am Ende hinten raus kommt«.

Wer »rüberkommen« will, sollte sich also fragen:

• Was erwarten Journalistinnen und Journalisten von mir?
• Welche Informationen kann ich bieten?
• Wem bietet das, was ich bieten kann, etwas?

Das sind Fragen nach den Anlässen und Adressaten (vgl. Kapitel 1) von Pressearbeit und dem Nachrichtenwert (Kapitel 2) eines Angebots: Interessiert das, was ich den Medien anzubieten habe, deren Leser oder Zuhörerinnen? Und wenn ich etwas Interessantes anzubieten habe, wie muß ich es aufbereiten? Um diese Fragen geht es in diesem Kapitel. Ich gebe Hinweise für eine wirksame Pressearbeit.[1]

Resonanz kann Pressearbeit dann erzeugen, wenn sie seriös und informativ ist, aktuell und kontinuierlich, gezielt und verständlich. Was das heißt, zeige ich in den folgenden Abschnitten. Vorab zwei Anmerkungen:

1. Eine gute Medienresonanz ist häufig nur dann zu erreichen, wenn der Vorstand und die Fachleute in einer Organisation davon überzeugt werden können, daß Pressearbeit einer eigenen Logik folgt. Die Interessen des Vorsitzenden oder die Perspektive der Fachreferentin decken sich nicht notwendig mit den Erfordernissen, vor denen die oder der Verantwortliche für Pressearbeit steht.

   Während zum Beispiel die Fachreferentin darauf Wert legt, daß ihre gründliche Expertise über die Schadstoffe in Kosmetika wissenschaftlich korrekt an die Presse geht, muß der Pressesprecher das Interesse der Verbraucherinnen und Ver-

---

1 Ich verwende im folgenden den Begriff »Presse« synonym für alle Medien.

braucher in den Mittelpunkt stellen. Er wird vor allem die Gefahren betonen, die von Konservierungs- und anderen Zusatzstoffen ausgehen. Und Verständlichkeit ist ihm wichtiger als wissenschaftliche Vollständigkeit.

Ein anderes Beispiel: Der Verbandsvorstand hat der Landesregierung ein Reformkonzept vorgeschlagen. Die Vorstandsmitglieder mögen vor allem daran interessiert sein, daß sie als Initiatoren in der Zeitung stehen. Die Verantwortliche für Pressearbeit muß prüfen, was sie in den Vordergrund stellt: *wer* das Reformkonzept vorgelegt hat oder *was* die zentralen Punkte des Konzepts sind.

Solche unterschiedlichen Perspektiven sind in vielen Vereinen und Verbänden Quelle von unerfreulichen und unproduktiven Auseinandersetzungen. Sie sind nur sinnvoll zu lösen, wenn eindeutige und verbindliche Zuständigkeiten festgelegt werden.

2. Die folgenden Hinweise sind keine Rezepte. Beim Umgang mit Medien ist es wie beim Kochen: Ein gutes Rezept ergibt noch kein leckeres Gericht. Notwendig sind Erfahrungen und die Kenntnis der konkreten Bedingungen. Die beste Backanleitung nützt nichts, wenn zum Beispiel mein Herd zu viel Oberhitze abgibt. Zu wissen, was eine gute Presseerklärung ausmacht, was bei der Vorbereitung einer Pressekonferenz zu beachten ist usw., löst noch nicht die Schwierigkeit, daß eine Lokalzeitung vor allem über die Sparkasse und die Einzelhandelsgeschäfte berichtet, die regelmäßig Anzeigen schalten. Und wenn der Chef der Lokalredaktion jeden Freitag mit dem Bürgermeister am »Honoratioren«-Stammtisch sitzt, hat es die Opposition häufig schwer, angemessen im Lokalteil berücksichtigt zu werden. Mein Angebot muß also für die unterschiedlichen Bedingungen am Ort und die Voraussetzungen eines Vereins übersetzt und erprobt werden.

3.1 Knapp und klar: Die Pressemitteilung

Wenn Sie in der Zeitung lesen oder im Rundfunk hören, was der Kanzler meint, der Fraktionschef plant, die Ministerpräsidentin will und die Opposition ablehnt, dann ist die Grundlage solcher Nachrichten in vielen Fällen eine Pressemitteilung. Auf Pressemitteilungen bzw. Presseerklärungen beruht ein großer Teil der Meldungen, die wir täglich lesen oder hören. Tausende von Mitteilungen für die Presse werden täglich geschrieben. Mehr als drei Viertel dieser Mitteilungen werfen Journalistinnen und Journalisten in den Papierkorb. Das ist nur scheinbar ein Widerspruch.

Zunächst ist eine Pressemitteilung nichts als Papier. Wer viel Papier produziert, erzielt noch lange keine große Resonanz. Wer dauernd auf die Pauke haut, wird nicht besser gehört, sondern macht die Ohren taub. Jedes Instrument wird stumpf, wenn es zu häufig eingesetzt wird.

Grundlage einer erfolgreichen Pressearbeit sind brauchbare Informationen für Journalistinnen und Journalisten. Deshalb ist täglich aufs neue zu fragen: Hat die Mitteilung, die an die Presse gehen soll, für den Empfänger einen Nachrichtenwert? Kurzgeschichten, Amateurlyrik, akademische Versatzstücke oder allgemeine Kommentare zur Weltgeschichte erfüllen dieses Kriterium nicht. Sie sind kein Stoff für Pressemitteilungen. Es kommt in der Pressearbeit nicht darauf an, Informationskanäle zu verstopfen, sondern sie intelligent zu nutzen. Aus diesem Grunde sollte immer konkret geprüft werden:

• Ist ein Anlaß oder Ereignis wichtig genug, um sich damit an die zu Presse wenden?
• Ist dieser Anlaß/das Ereignis für Leser oder Zuhörerinnen von Bedeutung?

Nur wenn beide Fragen positiv beantwortet werden können, lohnt die Mühe, eine Pressemitteilung zu schreiben. Was ist dabei zu beachten?

3.1.1 Den »Focus« machen

Pressemitteilungen werden nicht für die Leserinnen und Leser geschrieben, sondern für Redakteure. Die Empfängerinnen und Empfänger sind Profis. Und diese Profis haben in der Regel wenig Zeit und bekommen viele Texte auf den Schreibtisch. Darauf muß man sich einstellen und schnell »auf den Punkt kommen«[2]:

• sich kurz fassen,
• verständlich schreiben,
• klar gliedern.

Die Kunst besteht darin, sowohl kurz und knapp als auch umfassend zu informieren. Umfassend meint in erster Linie: die sechs W-Fragen (vgl. S. 95 f.) müssen beantwortet werden. Das wurde in der Pressemitteilung des Netzwerks Ostend versäumt. Ich zitiere sie nochmals: Prüfen Sie bitte, welche W-Fragen unbeantwortet bleiben.

»Die Versorgung alter und kranker Menschen ist gefährdet
Netzwerk Ostend: ein konstruktives Lösungsmodell

Das Netzwerk Ostend ist eine Arbeitsgemeinschaft verschiedenster Einrichtungen der Altenarbeit. Die mitarbeitenden RepräsentantInnen der unterschiedlichsten Institutionen stellten

---

2 »Schneller auf den Punkt«, mit diesem Motto wirbt *Focus* und bringt jeden Montag bunte Bildchen und meist seichte Storys für die »Infoelite«. Insofern ist die Überschrift nicht ganz richtig: Sie bezieht sich auf den *Focus*-Anspruch, nicht auf das, was das Blatt tatsächlich bietet.

ihre Vorschläge zur Verbesserung der Situation alter Menschen den zuständigen BezirkspolitikerInnen und Bundestagsabgeordneten vor.
Es wurden u. a. angesprochen:
• Einrichtung eines pflegerischen Notdienstes;
• Schaffung von Transparenz über das vorhandene Angebot, z. B. in Form eines Stadtteilführers;
• Unterstützung von pflegenden Angehörigen durch Schulung und Beratung.

Der Sozialdezernent Herr Dehm, der Bundestagsabgeordnete Herr Pfeifer sowie die VertreterInnen der Bezirksfraktionen zeigten sich beeindruckt von der kooperativen Zusammenarbeit und wollen das Netzwerk auch in Zukunft unterstützen.«

Die Pressemitteilung gibt keine Auskunft,
• *warum (wodurch)* die Versorgung alter und kranker Menschen gefährdet ist,
• *wie* diese Gefährdung aussieht,
• *wofür* das Netzwerk ein konstruktives Lösungsmodell ist,
• *wann* und *wo* die Netzwerk-Mitarbeiterinnen die Politiker über ihre Vorschläge informierten (und *wie* diese das Netzwerk unterstützen).

Eine unvollständig Pressemitteilung bedeutet für den Empfänger Arbeit. Er müßte die Informationen vervollständigen, wollte er aus der Mitteilung eine Meldung machen. Dazu haben Redakteurinnen und Redakteure oft weder Zeit noch Lust – und die Pressemitteilung landet im Papierkorb.
Die Pressemitteilung des Netzwerks weckt kein Interesse, sich die Mühe des Recherchierens zu machen: Was »angesprochen« wurde, ist wenig konkret und bietet keine Ansatzpunkte für eine Geschichte. Das Wichtigste fehlt, weil die Organisationsperspektive im Vordergrund steht: Wer ist warum in welcher Hinsicht gefährdet? Sind viele alte und kranke Menschen be-

troffen? Gerade das, was Medien besonders interessiert, wurde in der Pressemitteilung weggelassen: menschliche Schicksale.

Die W-Fragen erschöpfend beantworten, heißt nicht, die Leser mit Details zu erschöpfen: Eine Pressemitteilung sollte nicht länger als eine DIN-A4-Seite sein. Das Wichtigste, der Kern der Mitteilung – wer, was, wann, wo –, gehört an den Anfang, dann folgenden die näheren Umstände und gegebenenfalls Einzelheiten:

wer	»Das Schwarzstädter Kinderschutz-Zentrum
was, wann	muß seine Arbeit zum 1. Oktober 19.. einstellen,
warum	weil ihm die Stadt keine Fördermittel mehr bewilligt.
	Das bedeutet: Es wird in Zukunft keine kostenlose Beratung und Therapie mehr geben für Kinder, die ...«

Der erste Satz kann für sich stehen. Er könnte so in den Rundfunknachrichten gesendet werden. Da Redakteure gewöhnlich nach dem Grundsatz arbeiten, von hinten wird gekürzt, ist es entscheidend, das Wichtigste an den Anfang zu stellen.

Haben Sie mehr mitzuteilen, als auf eine Seite geht, können Sie Ihre Pressemitteilung um zusätzliche (Hintergrund-)Informationen ergänzen. Die Pressemitteilung muß in jedem Falle der Extrakt aller weiteren Informationen sein, die an die Presse gehen. Sie muß ausreichend informieren. Die zusätzlichen Informationen sind ein Angebot, kein Freibrief für eine schlechte Pressemitteilung.

Wichtige Beschlüsse, ein *außergewöhnlich* hoher Mitgliederzuwachs, ein *originelles* Projekt oder eine *beeindruckende* Leistungssteigerung sind Anlässe, Pressemitteilungen um weitere Informationen zu ergänzen. Ein Beispiel: In der Pressemitteilung wird die Essenz eines Beschlusses zusammengefaßt:

»Der Senat der Petra-Kelly-Gesamthochschule hat heute beschlossen, die Besoldung der Präsidentin und des Kanzlers der
Universität um 25 % zu kürzen. Das eingesparte Geld soll zur
Förderung von Nachwuchswissenschaftlerinnen eingesetzt
werden.«

Der vollständige Wortlaut des Beschlusses kann als Anlage zur
Pressemitteilung an die Presse gehen. Oder der Senatsbeschluß
wird im Anschluß an diese Zusammenfassung zitiert, wenn er
nicht sehr umfangreich bzw. sonst nichts Nennenswertes von
der Senatssitzung mitzuteilen ist. Entscheidet man sich für
diese Variante, wird üblicherweise folgender Satz vorangestellt:
»Der Beschluß des Senats hat folgenden Wortlaut:«
Besser als zusätzliche Texte sind Fotos. Redakteure haben in
der Regel mit dem Problem zu kämpfen, daß sie viel zu viel
Text und zu wenig Bildmaterial haben. Da Bilder stärker beachtet werden als Texte, wächst die Bereitschaft, aus einer
Pressemitteilung einen Beitrag zu machen, wenn ein »Blickfang« mitgeliefert wird, der in einen Text »hineinzieht«. Es muß
nicht immer ein Foto sein. Auch eine Grafik, die zum Beispiel
eine Entwicklung verdeutlicht, kann als Blickfang dienen.

3.1.2 Der letzte Schliff

Die Pressemitteilung ist geschrieben und mit einer treffenden
Überschrift versehen. Jetzt muß sie in eine angemessene *Form*
gebracht und geprüft werden, ob eine *Sperrfrist* angegeben
werden soll.
Sperrfrist bedeutet: Der Text darf nicht vor dem angegebenen
Termin veröffentlicht werden. Wann und wofür ist eine Sperrfrist sinnvoll? Ein Beispiel: Am Mittwoch beschließt ein Vereinsvorstand, in zwei Tagen auf der Mitgliederversammlung
geschlossen zurückzutreten. Der Vorstand möchte, daß die
Öffentlichkeit darüber bereits am Samstag informiert wird. Vor

der Mitgliederversammlung soll die Presse noch nicht berichten. Wenn sie aber erst am Freitag abend auf der Mitgliederversammlung vom Rücktritt erfährt, kann am nächsten Tag nichts
mehr in der Zeitung erscheinen.

Dieses Problem läßt sich mit einer Pressemitteilung lösen, die
am Donnerstag mit folgendem Vermerk an die Presse geht:
»Sperrfrist: Freitag, 21. 1. 19.., 22 Uhr«. Der Zusatz besagt, vor
Samstag dürfen die Informationen nicht veröffentlicht werden.
Interessierte Journalisten haben jedoch die Möglichkeit, einen
Bericht für die Samstagsausgabe zu schreiben. Sie können
zudem vorab weitere Informationen einholen oder ein Mitglied des Vorstands interviewen. Wenn das nicht gewünscht
ist, gibt man die Pressemitteilung erst am Freitag kurz vor Redaktionsschluß an die Zeitung. Ein Sperrvermerk ist auch in
diesem Fall noch erforderlich, weil Rundfunk und Fernsehen
nicht an einen festen Redaktionsschluß gebunden sind, also
noch vor Beginn der Mitgliederversammlung berichten könnten.

Eine Sperrfrist kann also zweierlei leisten: Zum einen erhalten
Journalistinnen und Journalisten einen Vorlauf, zum anderen
kann der Zeitpunkt der Berichterstattung beeinflußt werden.
Viele Journalistinnen und Journalisten erwarten, daß sie bei
bestimmten Ereignissen – zum Beispiel bei Kongressen, Konferenzen und Parteitagen[3] – einen Informationsvorlauf bekommen. Mit einer Sperrfrist kann ein solcher Service problemlos
geboten werden.

Zur Form: Sie muß stimmen. Für das Medium Pressemittei-

---

3 Hier erwarten Journalistinnen und Journalisten, daß sie die wichtigsten Reden vorab schriftlich zur Verfügung gestellt bekommen.
Wenn das Manuskript beispielsweise einer Eröffnungs- oder
Grundsatzrede vorab an die Presse gegeben wird, muß die Sperrfrist »Redebeginn« um den Hinweis ergänzt werden: »Es gilt das
gesprochene Wort«.

lung heißt das: Mitteilungen, die an die Presse gehen, werden
auf dem Briefpapier des Vereins vervielfältigt. Organisationen,
die häufiger Pressemitteilungen herausgeben, sollten für diesen
Zweck Pressebögen mit Zusätzen wie »Pressestelle«, »Presse-
information«, »Pressedienst« verwenden. Auf jede Pressemitteilung gehört das Datum und der Name des oder der Verantwortlichen. Vereine, die mehr als eine Mitteilung pro Woche an
die Presse schicken, sollten diese fortlaufend numerieren. Was
sonst noch zu beachten ist, kann den beiden Beispielen auf den
folgenden Seiten entnommen werden.

3.1.3 Mitteilen und erklären

Bisher war ganz selbstverständlich von Presse*mitteilungen* die
Rede. In der Literatur über Presse- und Öffentlichkeitsarbeit
tauchen allerlei – zum Teil abstruse[4] – Bezeichnungen und

---

4 Im »50 Minuten Training Script« über »PR-Power«, einer miserab-
len Übersetzung aus dem Amerikanischen, wird stets der Ausdruck »Presseaussendung« verwendet – als sei das Charakteristi-
sche die Selbstverständlichkeit, daß eine Pressemitteilung an die
Presse »ausgesendet« wird. (Charles Mallory: PR-Power. Wien
1994.)
Happes unterscheidet in seinem Heftchen, das mit 22 leeren Seiten
auf einen Umfang von 60 Seiten aufgeblasen wurde, zwischen
»Pressenotiz«, »Pressemeldung« und »Pressenachricht« – und empfiehlt: »Eine Pressemeldung kann schon etwas mehr [als die Presse-
notiz] enthalten: ein kurzer, abstrakter Text mit den wichtigsten
Geschehnissen.« (S. 25) Happes mag dem »Pressewart« (S. 18 ff.)
einen abstrakten Text über Geschehnisse empfehlen (und elemen-
tare Grammatikregeln übergehen). Eine Pressemeldung ist trotzdem eine Meldung, die in der Presse steht, und »Nachricht« bleibt
ein Oberbegriff für Informationen, die als Meldung oder Bericht in
den Medien Form annehmen. (Wolfgang Happes: Pressearbeit für
Vereine und Verbände. Bietigheim-Bissingen 1994.)

Institut für Lebensmut e. V.

Presse-
Mitteilung

Ihre Ansprechpartnerin:
Nr. 18   Dorothea Künzel
25. Juni 19..   Tel.: 92 66-126

Journalisten die Arbeit erleichtern

Das Institut für Lebensmut hat heute beschlossen, die Pressearbeit zu verbessern. Künftig sollen Mitteilungen an die Presse einen vernünftigen Auftritt haben. Das Institut wird darauf achten, daß der Absender klar zu erkennen ist und immer ein Ansprechpartner genannt wird. Pressemitteilungen werden so gestaltet, daß Redakteurinnen und Redakteure sie problemlos bearbeiten können: Es wird ein breiter Rand gelassen, eineinhalbzeilig geschrieben und die Zahl der Zeilen und Anschläge angegeben.
Da das Institut seine Pressearbeit intensivieren will, verwendet es ab sofort für Pressemitteilungen einen eigenen »Pressebogen«.
Die Mitteilungen werden fortlaufend numeriert.

(16 Zeilen à 45 Anschläge)

Institut für Lebensmut e. V. · Lindemanstraße 66 · 53 111 Bonn
Tel.: (0228) 9266-0 · Fax: 9266-226

147

Verband alternativer Fotografinnen
Alice-Salomon-Straße 1a · 12345 Fraustadt
Tel.: (03031) 9876-0 · Fax: 9876-123

**Presse-
Dienst**
4. Oktober 19..

Fotos in der Vereinsarbeit nutzen

Das gelungene Foto von einem deutsch-kurdischen
Stadtteilfest ist eindringlicher als ausführliche Erklärungen über die multikulturelle Gesellschaft. Doch nicht
jedes Bild sagt mehr als viele Worte. Deshalb sollten
5 keine Allerweltsmotive an die Presse geschickt werden.
Damit ein Bild zum Blickfang wird, müssen bestimmte
Anforderungen berücksichtigt werden. Vor allem sollte
das fotografiert werden, was gezeigt werden soll – und
nicht die Umgebung. Also keine »Horizontal-Aufnah-
10 men«, sondern »ran ans Motiv«. Ausschnitte und Details wirken oft lebhafter als Gesamtansichten. Menschen in Aktion sind am interessantesten.
Soll ein Foto an Zeitungen geschickt werden, sind
Schwarzweißaufnahmen und Hochglanzabzüge im
15 Format 13 × 18 oder 18 × 24 ratsam.
Zu jedem Bild gehört ein Text. Die Bildunterschrift soll
nicht beschreiben, was zu sehen ist, sondern das Bild
ergänzen, kommentieren oder erläutern. Sind mehrere
Personen auf dem Foto, werden ihre Vor- und Zu-
20 namen von links nach rechts aufgeführt. Schließlich
darf der Hinweis nicht fehlen, wer das Foto gemacht
hat.

Dr. Anke Ehrenberg
Geschäftsführerin
Tel.: 9876-543

Differenzierungen auf. Da die Autoren aus dem Bereich der kommerziellen PR oder traditionellen Vereinsarbeit kommen, wird auf die einzig wichtige – weil praktisch relevante – Unterscheidung nicht eingegangen: auf die Presse*erklärung*.

Für die Presseerklärung ist charakteristisch, daß Vorgänge und Ereignisse in erster Linie kommentiert und bewertet werden. Parteien und Interessenverbände machen mit Presseerklärungen Politik. Dieses Medium ist jedoch nicht diesen Organisationen vorbehalten. Es kann und sollte auch von Vereinen und Initiativen genutzt werden – um sowohl regionale als auch überregionale Politik zu kommentieren.

Wenn in Schwarzstadt keine Mittel mehr für das Kinderschutz-Zentrum bereitgestellt werden, dann sollten die Mitarbeiterinnen des Zentrums über diese Entscheidung nicht nur informieren, sondern sie auch bewerten. Wenn im Bonner Gesundheitsministerium ein Gesetz vorbereitet wird, daß die Arbeit von Sozialstationen beeinträchtigt, ist das Anlaß für eine Presseerklärung, in der diese Entscheidung kommentiert wird und die Folgen für Alte und Kranke in der Stadt oder Region aufgezeigt werden. Wenn die Bahnspitze ein unsinniges Renommiervorhaben beschließt, sollte die lokale Verkehrsinitiative dazu eine Presseerklärung herausgeben.

»Global denken, lokal handeln«. Für die Pressearbeit von Vereinen und Initiativen heißt das: die »große« Politik nicht »denen in Bonn« (oder anderswo) überlassen, sondern Stellung nehmen und dabei die lokale oder regionale Bedeutung hervorheben.

In der *Form* unterscheidet sich die Presseerklärung durch einen Vorspann, in dem der Sachverhalt bzw. Zusammenhang benannt wird, auf den sich die Kommentierung bzw. Bewertung bezieht. Ein Beispiel:

Datum
Nr.

Überschrift   **Kalorien statt Diäten**
Thema   **SPD fordert gewichtspolitischen Unter-**
                suchungsausschuß

Vorspann   *Der Fraktionssprecher der Grünen, Joseph Fi-*
(Sachverhalt,   *scher, behauptet in jeder Rede, die SPD habe*
Zusammenhang) *im Parlament an Gewicht verloren und zähle*
                allenfalls noch zur oppositionellen Federge-
                wichts-Klasse. Dazu erklärt der Fraktions-
Wer   *vorsitzende der SPD, XYZ:*

Wann, Was, Wo Die SPD hat heute einen Antrag in den Bun-
                destag eingebracht, in dem die Einsetzung
                eines parlamentarischen Untersuchungsaus-
                schusses gefordert wird. Der Ausschuß soll
                die Frage klären, ob das Körpergewicht des
                Kanzlers und des Fraktionssprechers der
                Grünen in einem direkten Zusammenhang
                mit dem Erfolg ihrer Fraktionen steht.
Wie   Durch eine Absprache mit der PDS und der
                FDP ist die Stimmenzahl gesichert, die für
                die Einsetzung des Ausschusses notwendig
                ist.
Warum   Wir können nicht länger Diät(en)erhöhun-
                gen hinnehmen, wenn sich herausstellen
                sollte, daß eine erhöhte Kalorienzufuhr die
                Ursache politischer Erfolge ist. Die SPD-
                Fraktion behält sich einen Antrag auf die
                Veränderung des Speiseplans der Bundes-
                tagskantine vor.

Die Pressemitteilung des Kinderschutz-Zentrums in Schwarzstadt (vgl. S. 143) könnte, wird der Akzent auf die Bewertung gelegt, wie folgt lauten:

Dem Kinderschutz-Zentrum droht die Schließung

Die Stadt Schwarzstadt hat einen Antrag des Kinderschutz-Zentrums auf finanzielle Förderung abgelehnt. Diese Entscheidung gefährdet die Existenz des Kinderschutz-Zentrums. Dazu erklärt Simone Prantel, Geschäftsführerin des Kinderschutz-Zentrums:
Diese Entscheidung bedeutet: Es wird in Zukunft keine kostenlose Beratung und Therapie mehr geben für Kinder ...
Diese Entscheidung ist Ausdruck einer verfehlten Kinder- und Jugendpolitik, die ...

Wird auf einen Vorspann verzichtet und nicht in direkter Rede formuliert, kommen scheußliche Presseerklärungen zustande. Ein Beispiel:

»Es *sei* erfreulich, daß das Spitzengespräch *über* Deichbau *in* Bonn, *mit* dem Bundesministerium *für* Ernährung, Landwirtschaft und Forsten, Bundestagsabgeordneten *aus* der Weser-Ems-Region, sowie Landräten, Oberbürgermeistern, Hauptverwaltungsbeamten und Vertretern der Landesbehörden Staatliches Amt für Insel- und Küstenschutz und Staatliches Amt für Wasser und Abfall, sowie Oberdeichrichter die jährliche Summe von 90 Millionen für Küstenschutz in Niedersachsen eingebracht habe, meint die Abgeordnete des Auricher Kreistages, ... , von Bündnis 90/Die Grünen. Auch daß der Generalplan Küstenschutz von 1973 fertiggestellt wird, *sei* richtig. Schlimm *sei* jedoch, daß ...« (Hervorhebungen von mir, Zeichensetzung nach Vorlage).

151

3.1.4 Bevor die Post abgeht

>*Sehr geehrte(r)*

Tue Gutes und rede darüber!

Diesen bekannten Satz, den viele große Unternehmen *auf die Fahnen ihrer Öffentlichkeitsarbeit schreiben*, möchten wir heute und in Zukunft auf den ›Wimpel‹ unserer *mittelständischen Pressearbeit* heften.

Ohne Zweifel leistet ... Betrieb wichtige ... Arbeit, über die wir deshalb voller Stolz in der Öffentlichkeit reden möchten!

Mit diesem Schreiben *übersenden* wir Ihnen erstes Informationsmaterial über das neue ...

Ihre besondere *Aufmerksamkeit erbitten* wir zum *Abschluß* für das kurze stichwortartige *Firmenporträt unseres Hauses, als ergänzenden Teil der Informationsmappe.*

Es wäre schön, wenn wir Ihr Interesse an unserer Arbeit mit den *beiliegenden Informationen* geweckt haben.

Bei *Rückfragen* rufen Sie *direkt* an ...

Herzlichst«

Es wäre schön, seufzen viele Redakteure, wenn mir solche Begleitschreiben erspart blieben.[5] Es geht noch peinlicher. Mallory empfiehlt Begleitschreiben zu »Presseaussendungen« mit Formulierungen wie dieser: »Beigelegt finden Sie eine Presseaussendung mit weiteren Informationen. Wir danken Ihnen für die Beachtung dieser Anregung zur Berichterstattung.« Oder: »Es würde mich freuen, wenn ich Ihnen behilflich sein könnte, einen Artikel über ... zusammenzustellen.«[6]

Gehört zu einer Pressemitteilung ein Begleitschreiben? Nein. Gute Pressemitteilungen stehen für sich, sie sind selbstredend.

---

5 Dieses Beispiel ist eine Empfehlung von Knut S. Pauli: Leitfaden für die Pressearbeit. München 1993, S. 104. Formulierungen, die besonders daneben sind, habe ich kursiv hervorgehoben.

6 Charles Mallory: PR-Power. Wien 1994, S. 52 u. 53.

Pressemitteilungen sind ein – gutes oder schlechtes – Angebot zur Berichterstattung. Ein Begleitschreiben macht eine schlechte Pressemitteilung nicht besser. Eine Begleitschreiben zu einer guten Pressemitteilung ist überflüssig.

Wenn ein Schwimmverein möchte, daß im Lokalteil der Zeitung mit fünf Zeilen auf einen neuen Schwimmkurs hingewiesen wird, dann sind ein paar freundliche Zeilen sinnvoll. Eine Pressemitteilung ist für diesen Zweck zuviel des Guten; es genügen ein paar Angaben über Ort, Zeit usw.

Veranstaltet der Schwimmverein ein großes Fest zur Unterstützung von *Robin Wood,* sollte mit einer guten Pressemitteilung den Medien Stoff für eine Vorberichterstattung geboten werden. Ein Begleitschreiben zu dieser Pressemitteilung ist nicht notwendig.

Nehmen wir an, das Fest soll an einem Samstag stattfinden. Und nehmen wir weiter an, die Mitglieder des Schwimmvereins sind auf Zack. Dann geht am Montag vor dem Fest eine Pressemitteilung an die Medien. Am Mittwoch wird »nachgelegt« mit Informationen über den genauen Programmablauf und Hinweisen, wann die besten Fotomotive zu erwarten sind. Am Freitag wird schließlich in der Redaktion angerufen und nachgefragt, ob jemand kommt.

Wenn die geschilderte Arbeit nicht zu leisten ist, kann ein Begleitschreiben zur Veranstaltungsankündigung ein Ersatz sein. Ich zitiere einen sprachlich mißglückten Vorschlag, in dem es nicht um ein Fest, sondern um einen Flohmarkt geht:

»Sehr geehrte(r) ...,
in der Anlage finden Sie eine Meldung über unseren Flohmarkt am Samstag, 1. Januar 19.., auf dem Rathausvorplatz. Ich *bitte um Veröffentlichung* in einer der nächsten Ausgaben Ihrer Zeitung.
Der Flohmarkt beginnt um 15.00 Uhr und dauert bis 19.00 Uhr. Ein günstiger Zeitpunkt für ein Foto wäre nach unserer

153

Ansicht um 17.00 Uhr. Während des Flohmarktes *steht Ihnen* unsere Vorsitzende Petra Müller am Stand 3 (Puppenverkauf) *neben dem Rathausaufgang für ein* Gespräch *gern zur Verfügung*. Sie finden mich von 15.00 bis 17.00 Uhr auch an diesem Stand. Ich halte eine Kurzinformation für Ihren Berichterstatter bereit.
Mit freundlichen Grüßen.

(Ulrich Winckler, Pressereferent)«[7]

Steife und geschraubte Formulierungen sind kursiv gesetzt (am Rande: *steht* die Vorsitzende nur neben dem Rathausaufgang »für ein Gespräch gern *zur Verfügung*«? Und steht sie bequem?). Vieles ist überflüssig: Daß die »Meldung« (gemeint ist wohl Information – eine »Meldung« soll es ja erst noch werden) zur Veröffentlichung geschickt wurde, versteht sich von selbst. Wann und wo der Flohmarkt stattfindet und wie lange er dauert, sollte in der »Anlage« stehen, braucht also nicht mehr im Begleitschreiben erwähnt zu werden. Einen Informationswert haben die Hinweise auf die Vorsitzende und die Zeit, in der der Pressereferent anzutreffen ist. Warum 17.00 Uhr im Januar ein »günstiger Zeitpunkt für ein Foto« sein soll, wird nicht erläutert (wäre es nicht besser zu fotografieren, solange es noch hell ist?). In manchen Fällen mag der Hinweis angebracht sein, daß eine »Kurzinformation« für den »Berichterstatter« (scheußliches Wort) »bereitgehalten wird« (wenn es »Ihren Berichterstatter« heißt, dann ist das Schreiben wohl an einen Chefredakteur gerichtet, der »Berichterstatter« besitzt). Speckt man den Text ein wenig ab und verzichtet auf Vereinsdeutsch, könnte das Begleitschreiben so lauten:

---

7 Paritätischer Wohlfahrtsverband Nordrhein-Westfalen (Hrsg.): Und morgen steht's in der Zeitung! Wuppertal 1992, S. 22.

Guten Tag, liebe(r) Frau (Herr) ...

ich würde mich freuen, Sie oder einen Ihrer Kollegen auf unserem Flohmarkt zu treffen, über den Sie meine Pressemitteilung informiert.

Unsere Vorsitzende Petra Müller läßt sich gerne einmal vom Puppenverkauf am Stand neben dem Rathaus ablenken. Ich bin von 15.00 bis 17.00 Uhr dort anzutreffen.

Das wohl originellste Fotomotiv unseres Flohmarktes bietet sich gegen 15 Uhr 30, wenn die Senioren-Zuckerwatten-Rallye beginnt.

Einen guten Start ins neue Jahr.

Ulrich Winckler
Pressereferent

Ein Begleitschreiben ist dann notwendig, wenn ich einen Artikel anbiete. Der begleitende Brief ist in erster Linie ein Abstract: Am 123 fand in ABC das YXZ statt. In meinem Beitrag versuche ich, die Stimmung dieser Veranstaltung wiederzugeben.

Schließlich ist ein Begleitschreiben notwendig, wenn Sie mit dem Lokalfunk die Erfahrung gemacht haben, daß die in aller Regel unterbesetzten Redaktionen sendefähige Texte bevorzugen. Im Begleitschreiben sollte dann über das, was in einer Länge von 10 oder 30 Sekunden[8] gesendet werden soll, ausführlicher informiert werden, damit sich der Redakteur einen

---

8 So viel ist in 10 Sekunden unterzubringen:
  Kunst kann unserem Leben Sinn und Halt geben. Wie, das erläutert die Beuys-Preisträgerin Helene Kerbst heute in der Alanus-Hochschule in Siegen, Müllerstraße 1. Beginn 19.00 Uhr. Der Eintritt ist frei.
  Und so viel Informationen können in 30 Sekunden über den Sender gehen:

Eindruck bilden kann. Und schließlich sollte mitgeteilt werden, bis wann die Information aktuell ist und auf welchem Sendeplatz (zum Beispiel Senioren- oder Jugendmagazin) sie gesendet werden soll.

Was ist noch zu tun, bevor die Pressemitteilung (und das Begleitschreiben) ins Fax gelegt oder auf den Postweg geschickt wird? Es sollte geprüft werden,
• an welche Medien die Pressemitteilung gehen soll,
• welches Ressort für das Thema der Pressemitteilung zuständig ist und wer dieses Ressort betreut.

Und Sie sollten prüfen, ob ein bestimmtes »Timing« bei den Medien, die Sie erreichen wollen, zu beachten ist. Gibt es, zum Beispiel, an bestimmten Tagen feste Rubriken, in die Ihre Informationen gut passen? Ist vielleicht montags die Chance am größten, etwas unterzubringen, weil die Redaktion der Lokalzeitung am Wochenende nur schwach besetzt und für jeden Text dankbar ist, der keine Arbeit bedeutet? Oder ist der Montag ein schlechter Tag, weil der Lokalteil wegen des umfangreichen Sportteils weniger Seiten hat? Wenn Sie im Juni auf ein neues Konzept aufmerksam machen wollen, sollten Sie prüfen, ob es vertretbar ist, die Presse einen Monat später zu informieren: In der nachrichtenarmen Sommerzeit wächst die Chance, mehr Beachtung zu finden. Die sogenannten Hinterbänkler im Bundestag nutzen regelmäßig das Bonner »Sommerloch«, um wenigstens einmal im Jahr (meist mit Neben-

Eis genießen und Gutes tun. Das können Sie heute in Münster. Mit jedem Eis, daß Sie bei *Gianni Eis* kaufen, unterstützen Sie den Angestellten-Samariter-Bund bei seiner Aktion »Hilfe für Engholm«. *Gianni Eis* stellt alle Einnahmen dem ASB zur Verfügung. Sie können köstliches Eis genießen und einem Mann helfen, der sich nicht zu helfen wußte und unverschuldet bei der Atomindustrie landete. Mit Eis helfen – nur heute bei *Gianni Eis*.

sächlichkeiten oder Unsinn) ihren Namen in der Zeitung lesen zu können. Vereine oder Initiativen, die etwas Ernsthaftes anzubieten haben, sollten die »Sauregurkenzeit« bewußt nutzen, wenn es ihnen ansonsten nur selten gelingt, Resonanz in den Medien zu finden.

3.1.5 Nie aufgeben

Sie haben eine aktuelle, seriöse, informative und verständliche Pressemitteilung geschrieben und auch sonst alles berücksichtigt, was zu beachten ist – und finden am nächsten und übernächsten Tag keinen Satz in der Zeitung. Was tun (außer ärgerlich oder enttäuscht zu sein)? Anrufen und fragen,
• ob die Pressemitteilung (dort) angekommen ist (wo sie ankommen sollte),
• ob das Thema interessiert,
• ob weitere Informationen gewünscht oder erforderlich sind.

Bekommen Sie die Auskunft, daß
• Ihre Pressemitteilung angekommen und informativ ist, brauchen Sie sich mit Selbstzweifeln nicht zu belasten;
• zusätzliche Informationen erwünscht sind, informieren Sie;
• anderen Themen aus Platzgründen Vorrang eingeräumt wurde, teilen Sie dem Redakteur mit, wie lange das Thema aus Ihrer Sicht noch aktuell ist.

Wenn ein Verein kontinuierlich und aktuell, seriös und verständlich die Lokalzeitung über seine Arbeit informiert, diese Mühe aber vergeblich ist, dann spricht alles dafür, daß seine Bemühungen an der politischen Orientierung der Zeitung scheitern. Wenn zum Beispiel eine Schwulengruppe sehr professionelle Pressearbeit macht, die christliche-konservative Lokalzeitung aber schon das Wort »schwul« für eine Sünde hält, dann hilft die Einsicht weiter, daß Pressearbeit nur ein Teil von Öffentlichkeitsarbeit und Papier geduldig ist: Öffentliche Resonanz ist in diesem Fall nur zu erreichen, wenn an die Stelle von Presseerklärungen (spektakuläre) Aktionen oder gut besuchte Veranstaltungen treten, die selbst die konservativste Lokalzeitung nicht übergehen kann, weil im Ort unübersehbare Ereignisse geschaffen wurden.

Checkliste Pressemitteilung

Aufbau und Form:
- Ist der Text logisch aufgebaut und klar gegliedert?
- Steht das Wichtigste am Anfang? Verträgt es der Text, wenn er am Ende gekürzt wird?
- Sind die W-Fragen beantwortet?
- Ist die Überschrift treffend? Weckt sie Interesse?
- Kann der Text bequem redigiert werden?

Sprache:
- Kein Nominalstil, aktive Verben? (vgl. S. 54 ff.)
- Weder Silbenschleppzüge noch Phrasen und Schwulst? (vgl. S. 60 ff.)
- Stimmen die Bilder? (vgl. S. 65 f.)
- Wurden Fremdwörter behutsam verwendet und Fachbegriffe erläutert? (vgl. S. 61 ff.)
- Wurden Schachtelsätze vermieden? (vgl. S. 71 ff.)

3.2 Rede und Antwort: Die Pressekonferenz

»Journalisten sind Leute, die fragen, ohne Antworten zu bekommen. Politiker sind Leute, die antworten, ohne gefragt zu
werden.« So kommentierte der Schriftsteller Norman Mailer
einmal den Medienbetrieb. Er könnte an die Bundespressekon-
ferenzen gedacht haben: Der Kanzler (Regierungssprecher
oder Minister) betritt, umringt von einem Troß von Mitarbeitern, forsch den Saal – je nach Anlaß und Tagesform mit
ernster oder heiterer Mine. Er nimmt, rund einen Meter höher
als die Journalistinnen und Journalisten, Platz und erläutert von
oben die Lage der Nation. Zwischen ihm und den Journalistinnen und Journalisten, die mehr oder minder emsig mit-
schreiben und die eine oder andere Frage stellen, herrscht ein
stilles Einverständnis: Das ist jetzt wichtig. Deshalb können wir
in der »Tagesschau« und anderswo Ausschnitte sehen bzw. im
Rundfunk O-Töne hören.

Der Kanzler hat nicht immer wirklich Wichtiges oder Neues
mitzuteilen. Was er mitteilt, hat deshalb Gewicht, weil er (ge-)-
wichtig ist. Doch selbst der Kanzler und seine große Presse-
crew gehen behutsam mit dem Instrument Pressekonferenz
um: Eine Pressekonferenz veranstaltet man nicht alle Tage,
sondern dann – und nur dann –, wenn etwas von Bedeutung
mitgeteilt werden soll. Das gilt jedenfalls für alle, die nicht der
Kanzler sind.

Wenn *VW, Hoechst* oder *Siemens* zur Pressekonferenz einladen,
um ihre Jahresbilanz vorzustellen, dann haben sie ein volles
Haus. Aus der gesamten Republik reisen Journalistinnen und
Journalisten an. Ob diese Konzerne rote oder schwarze Zahlen
schreiben, entscheidet über das Schicksal vieler Menschen.
Wenn ein Optiker in Osnabrück die Presse zum gleichen
Thema einladen würden, gäbe es in der Redaktion der *Neuen
Osnabrücker Zeitung* schallendes Gelächter. Kurz: Vor jeder

Pressekonferenz steht die Frage: Ist sie überhaupt notwendig und sinnvoll? Ist der Anlaß wichtig genug?

Pressekonferenzen, die anberaumt werden, weil der Vorstand feststellt: »Wir haben schon lange keine Pressekonferenz mehr gemacht«, können nur daneben gehen. Kämen Journalistinnen und Journalisten zu einer Pressekonferenz, die aus Anlaß einer solchen Feststellung durchgeführt wird, wäre es mit Sicherheit das letzte Mal, weil sich der Eindruck festsetzt, dieser Verein hat nichts mitzuteilen.

Was sind Anlässe für eine Pressekonferenz?[9] Dieses Mittel der Pressearbeit *kann* geeignet sein, um

- die Ergebnisse einer Fachtagung, Konferenz usw. zu erläutern,
- eine neue Einrichtung vorzustellen,
- einen neuen Vorstand und seine Arbeitsvorhaben bekannt zu machen,
- den Rücktritt des Vorstandes zu begründen,
- über die (drohende) Schließung einer Einrichtung zu informieren,
- ein neues Konzept vorzustellen,
- auf falsche Berichte oder Gerüchte zu reagieren.

Ob ein solcher Anlaß im konkreten Falle geeignet ist, läßt sich mit folgenden Fragen überprüfen:

---

9 Ich verwende durchgängig den Ausdruck Pressekonferenz. Kann ein Verein bei einer solchen »Konferenz« höchstens mit zwei Journalisten rechnen, ist »Pressegespräch« das treffendere Wort. Von Pressekonferenz ist im folgenden deshalb immer die Rede, weil meine Hinweise sich auf die größere Form beziehen. Mancher Hinweis ist für die Vorbereitung oder Durchführung eines Pressegesprächs ohne Bedeutung. Finden zum Beispiel Pressegespräche stets in den Vereinsräumen statt, kann der Gesichtspunkt Ort bei der Vorbereitung getrost vernachlässigt werden.

- Kann die Presse nicht auch auf anderem Wege informiert werden?
- Warum reicht eine Pressemitteilung nicht aus?
- Steht der mögliche Ertrag in einem sinnvollen Verhältnis zum Aufwand? Oder besteht die Gefahr, Journalistinnen und Journalisten zu verstimmen? (Eine Pressemitteilung ist in wenigen Minuten gelesen, eine Pressekonferenz nimmt mit An- und Abfahrt mindestens eine Stunde in Anspruch.)

Pressekonferenzen sind also etwas Besonderes. Entsprechend sorgfältig und umsichtig müssen sie vorbereitet, durchgeführt und nachbereitet werden.

3.2.1 Gut vorbereiten

Die gute Vorbereitung einer Pressekonferenz ist nicht alles, aber ohne eine gute Vorbereitung wird sie nichts. Vor jeder Pressekonferenz müssen folgende Fragen geklärt werden: Aus welchem Anlaß soll
- was,
- von wem,
- wie,
- wann und
- wo
der Presse mitgeteilt werden?

Was

Ein guter Anlaß ergibt nicht automatisch eine interessante Pressekonferenz. Vielmehr muß gut überlegt werden, was sind die zentralen Aussagen, die »rüberkommen« sollen? Was ist das Wichtigste? Nur wer sich das klargemacht hat, kann es auch anderen mitteilen. Pressekonferenzen sind nicht der Ort,

161

um vor Journalistinnen und Journalisten laut über Gott und die Welt nachzudenken. Es müssen präzise Informationen und fundierte Aussagen mit Nachrichtenwert geboten werden. Pressekonferenzen heißen zwar *Konferenzen,* sie dauern aber nie so lange wie eine Konferenz. Um so notwendiger ist eine Konzentration auf das Wesentliche. Wer nicht auf den Punkt kommt, kann schon nach fünf Minuten alleine sitzen, weil Journalisten vor »Plaudertaschen« schnell flüchten.

Wer

Mehr als zwei Personen sollten auf einer Pressekonferenz nur in Ausnahmefällen reden. Wer worüber redet, sollte frühzeitig und verbindlich festgelegt werden. Aus leidvoller Erfahrung kann ich garantieren: Pressekonferenzen, vor denen sich die Beteiligten nicht abgesprochen haben, gehen in neunzig Prozent aller Fälle daneben: Man oder frau widerspricht sich, es häufen sich Wiederholungen usw.

Mischung statt Dopplung. Dieses Motto kann eine Entscheidungshilfe bei der Frage sein, wer die Pressekonferenz bestreitet. Oft drängelt der gesamte Vorstand. Doch nur selten macht es Sinn, daß zwei Vorstandsmitglieder reden. Selbstverständlich ist der Vorstand immer wichtig – aber nicht immer interessant. Deshalb sollte neben einem Vorstandsmitglied – je nach Thema und Anlaß – eine Fachfrau oder ein Betroffener sprechen.[10]

---

10 Es kann auch sinnvoll sein, daß eine Vertreterin einer anderen Organisation an der Pressekonferenz teilnimmt oder ein Vertreter einer Partei bzw. Fraktion, die Ihr Anliegen unterstützt. Die Kombination Vereinsvorsitzender und Geschäftsführerin ist keine »Mischung«, sondern eine »Dopplung«.

Wie

Wer auch immer teilnimmt: Er oder sie muß sich kurz fassen. Man kann auf Pressekonferenzen alles sagen – aber nicht länger als zehn Minuten. Und was gesagt wird, sollte so formuliert sein, daß es im Originalton von den Journalisten übernommen werden kann. Das wiederum heißt, da »geborene Redner« sich selten in den Vorstand eines Vereins verirren: Ein Statement wird zwar frei vortragen, aber vorher aufgeschrieben. Besondere Sorgfalt ist darauf zu richten, das Aufgeschriebene von der Schriftsprache in »Sprechsprache« zu übersetzen. Das ist Pflicht. Zur Kür gehört das Feilen an *einem* Satz (einer genügt), der besonders originell formuliert ist. Journalistinnen und Journalisten sind für einen solchen Satz dankbar, weil er ihrem Artikel Würze gibt. In der Politik sind Profis tagelang damit beschäftigt, Begriffe zu finden, die die öffentliche Diskussion prägen. Begriffe wie »Entsorgung« oder »Standort Deutschland« sind das Ergebnis harter Arbeit von Medienprofis und politischen Beratern.

Am Anfang eines Statements steht entweder – wie bei einer Pressemitteilung – das Wichtigste oder ein treffendes Zitat bzw. eine themenbezogene Episode (die in drei Sätzen erzählt sein muß).

Eine Pressekonferenz ist ein Ereignis. In der Vorbereitung sollte deshalb überlegt werden, wie der Ereignischarakter unterstrichen werden kann. Ist es zum Beispiel sinnvoll, Medien einzusetzen, um einen Sachverhalt interessant und anschaulich zu verdeutlichen?[11]

---

11 Ich gehe auf dieses Thema nicht näher ein. Wer mehr als Worte bieten will, findet nützliche Anregungen in dem Buch von Martin Hartman, Rüdiger Funk und Horst Nietmann: Präsentieren. Weinheim/Basel 1995.

Wo

Der Ereignischarakter kann auch durch den Ort unterstrichen werden, an dem eine Pressekonferenz stattfindet. Es muß nicht immer ein Gruppen-, Tagungs- oder Konferenzraum sein. Läßt sich ein Mißstand lokalisieren, bietet sich unter Umständen eine Pressekonferenz »vor Ort« an. Will eine Bürgerinitiative ihr Gegenkonzept zu einer geplanten Stadtautobahn vorstellen, kann die Pressekonferenz auch als (angemeldete) Demonstration auf einer Kreuzung durchgeführt werden. Hat ein Seniorinnen-Netzwerk eine CD herausgebracht, kann eine Pressekonferenz im Aufnahmestudio mehr Atmosphäre vermitteln als ein ausführlicher Bericht über die Produktionsbedingungen. Kurz: Ungewöhnliches ist erlaubt; nur peinlich darf es nicht sein, und Journalistinnen und Journalisten müssen arbeiten – schreiben, aufnehmen, drehen – können.

Bei der Wahl eines konventionellen Ortes ist zu beachten, daß er

- gut zu erreichen,
- groß genug,
- hell und
- so beschaffen ist, daß problemlos Medien eingesetzt werden können.

Und er muß situationsangemessen sein: Streicht zum Beispiel die Stadt einem Kinderschutz-Zentrum die Zuschüsse, verbietet es sich, darüber auf einer Pressekonferenz im ersten Hotel am Ort zu informieren.

Wenn mit Fernsehaufnahmen zu rechnen ist, muß der Bildhintergrund stimmen: Die Teilnehmer sollten weder vor einem »Stilleben mit Früchten« noch einer Blümchentapete sitzen, sondern vor einem großen Plakat oder Transparent mit dem Logo des Vereins.

Wann

Dienstag, Mittwoch oder Donnerstag zwischen 9 Uhr 30 und 11 Uhr 30 sind »klassische« Pressekonferenz-Zeiten. Wenn Sie eine Pressekonferenz langfristig vorbereiten können, sollten Sie

- sich für den Vormittag entscheiden: nachmittags ist »Schreibzeit«;
- nie den Freitag nachmittag wählen: Sie machen sich bei Journalistinnen und Journalisten unbeliebt;
- den Montag auslassen: in vielen Redaktionen findet an diesem Tag die Wochenplanung statt.

Den günstigsten Zeitpunkt versuchen allerdings alle zu wählen, die eine Pressekonferenz veranstalten. Deshalb sollten Sie sicherstellen, daß zum geplanten Zeitpunkt die Konkurrenz nicht zu groß ist. Zweierlei ist zu prüfen:

1. Findet am gleichen Tag ein »Mega-Ereignis« statt, das alle anderen Ereignisse in den Schatten stellt? Kommt die Queen von England in eine Kleinstadt, bringt die Lokalzeitung mindestens eine Doppelseite. Für andere Ereignisse gibt es höchstens noch einen Einspalter.
2. Gibt es zur gleichen Uhrzeit andere wichtige Pressekonferenzen, Veranstaltungen usw.? Führt der Bürgermeister um 11.00 Uhr eine Pressekonferenz durch, ist das für die Lokalzeitung der wichtigste Termin. Eröffnet zur gleichen Zeit die Stadtsparkasse, häufig der beste Anzeigenkunde, eine Ausstellung, sind schon zwei Journalisten gebunden. Zu Ihrer Pressekonferenz kommt vielleicht ein Volontär, eine »Freie« – oder niemand.

Die Wahl des richtigen Zeitpunkts setzt einer langfristigen Planung Grenzen. Sich können sich nicht mit der Queen abstimmen. Der Bürgermeister wird sich nicht nach Ihrem Verein richten, wenn er kurzfristig eine Pressekonferenz veranstalten will. Die in der Literatur so beliebten Rezepte für die minutiöse Planung einer Pressekonferenz sind daher wenig hilfreich. Die Kunst des richtigen Timings besteht darin, so langfristig wie möglich zu planen und so flexibel wie nötig Tag und Uhrzeit einer Pressekonferenz festzulegen. Wenn Sie unsicher sind, was der richtige Zeitpunkt ist, rufen Sie einen oder zwei Journalisten an und fragen sie, ob etwas gegen den von Ihnen geplanten Termin spricht.

Die Einladung

Wenn klar ist, was von wem wie wann und wo gesagt werden soll, kann zur Pressekonferenz eingeladen werden. Die Einladung soll einladen. Sie muß informativ sein und neugierig machen. Das klingt selbstverständlich. Ist es aber nicht, wie die mißglückte Einladung des Netzwerks Ostend zeigt, die ich auf der Seite 10 zitiert habe.

Diese Einladung informiert lediglich darüber, *daß* eine Pressekonferenz stattfindet. Entscheidet sind jedoch Informationen, *was* zu erwarten ist: Worum wird es gehen, *warum* ist das Thema wichtig?

Auf zwei weitere Schwächen will ich hinweisen. In der Einladung heißt es:

> »Ein Ergebnis unserer Arbeit ist ein Zielkatalog, den wir im Rahmen einer unserer nächsten Netzwerk-Sitzungen gern vorstellen und mit Ihnen *diskutieren* möchten.
>
> (...) Zur Vorstellung unseres Zielkatalogs werden wir auch Herrn Dehm, Dezernent für Jugend und Soziales, und die Fraktionen der im Bezirk vertretenen Parteien *einladen*.«

Journalistinnen und Journalisten wollen nicht diskutieren (und schon gar nicht »im Rahmen einer Netzwerk-Sitzung«), sondern Informationen. Und sind nicht daran interessiert, wer eingeladen wird. Sie wollen wissen, wer kommt. Kurz: In der Einladung muß stehen, was auf der Pressekonferenz zu erwarten ist – nicht was machbar und möglich wäre.

Auf den folgenden Seiten finden Sie meine Überarbeitung dieser Einladung und ein Beispiel für eine Einladung zu einer Pressekonferenz nach einer Fachtagung.

Die Einladung sollte eine Woche vor der Pressekonferenz verschickt sein. Wird die überregionale Presse eingeladen, ist ein Vorlauf von zehn Tagen zu empfehlen. Eine Antwortkarte ist nur für große überregionale Pressekonferenzen erforderlich, für die (im Anschluß) eine aufwendige Bewirtung[12] vorgesehen ist oder aufwendige Pressemappen produziert werden sollen. Eine genaue Übersicht, wieviel Medienverteter kommen, ist bei Kongressen, Tagungen und anderen »Großereignissen« erforderlich, wenn für Journalistinnen und Journalisten Arbeitsräume, Telefonanschlüsse, Faxgeräte usw. zur Verfügung gestellt werden müssen. Entsprechend frühzeitig müssen die Einladungen und Antwortkarten verschickt werden.

Zwei Tage vor der Pressekonferenz sollten Sie bei den Redaktionen anrufen und fragen, ob jemand kommt.

---

12 Pressekonferenzen sollen Journalistinnen und Journalisten etwas bieten. Informationen. Wenn Sie das bieten, haben Sie genug geboten. Ihre Informationen sollten Sie um Kaffee oder Tee, Wasser und Saft ergänzen. Mehr ist nicht erforderlich. Ein belegtes Brötchen kann selbst ein schlecht bezahlter Volontär aus eigener Tasche bezahlen. In Bonn können sich Journalistinnen und Journalisten problemlos die gesamte Woche kostenlos durchfuttern. Das ist Bonn – aber kein Maßstab. Laden Sie die Presse zu ihrem Sommerfest oder einmal im Jahr zum Essen ein. Das ist eine freundliche Geste. Mehr ist zuviel des Guten. Auf das »Pressefrühstück« gehe ich auf Seite 187 ein.

Absender Adressat Datum	
Worum geht es in diesem Schreiben?	**Einladung zur Pressekonferenz**
Überschrift	**Wie können alte Menschen besser be- treut werden?**
Anrede	Guten Tag, ...
Worum geht es auf der Pressekonferenz?	Das Netzwerk Ostend, ein Zusammen- schluß von Organisationen, die in der Altenarbeit engagiert sind, hat ein Kon- zept zur Verbesserung der Betreuung alter Menschen im Bezirk entwickelt. Kerngedanke des Konzepts ist eine ... der stationären und ambulanten Pflege. Die Umsetzung des Konzepts würde zwei zentrale Probleme lösen: Die ... und ...
Einladung	Die Leitlinien unseres Konzeptes möch- ten wir Ihnen auf einer Pressekonferenz vorstellen, zu der ich Sie herzlich einlade.
Zeit und Ort	Am: 23. Mai 19.. Um: 11.00 Uhr Im: Bert-Schuster-Heim, Kölnstraße 8, TeilnehmerInnen:
Wer nimmt teil?	Sigrid Köhler, Vorsitzende des Netz- werks und Stefan Dehm, Dezernent für Jugend und Soziales.
Gruß Wer beantwortet Fragen zur Presse- konferenz?	Sonnige Frühlingsgrüße Eva Ferse (Sprecherin) Tel.: 1234-98

Institut für Lebensmut e. V.

Kurt Berichterstatter
Generalverschweiger
Mirplatz 1
53111 Bonn   25. Juni 19..

Einladung zur Pressekonferenz

»Ohne Moos nix los« – Fundraising im sozialen Bereich?

Guten Tag, lieber Herr Berichterstatter,

mit 660 Milliarden DM Steuergelder pro Jahr werden derzeit soziale Dienstleistungen finanziert. Doch die öffentliche Hand zieht sich mehr und mehr aus der Finanzierung sozialer Projekte zurück. Was ist zu tun? Können und sollen Privatpersonen und Unternehmen öffentliche Aufgaben finanzieren? Müssen Einrichtungen und Verbände der freien Wohlfahrtspflege Sponsoren gewinnen? Sollen soziale Einrichtungen sich durch Spenden finanzieren – und auf dem Spenden-»Markt« miteinander konkurrieren?

Diese Fragen stehen im Mittelpunkt einer Fachtagung des Instituts für Lebensmut, an der internationale Experten und Vertreter von Wohlfahrtsverbänden aus der gesamten EU teilnehmen.

Zu der anschließenden Pressekonferenz lade ich Sie herzlich ein.

Am: 2. Juli 19..
Um: 11 Uhr 30
Im: Germania Hof, Grevener Straße 89
Teilnehmerinnen: Renate Bennhof, Vorsitzende des Instituts
                  für Lebensmut
                  Dr. Jane Highsmith, Präsidentin der europäischen Cashhunting Foundation

Mit freundlichen Grüßen

Dorothea Künzel
Geschäftsführerin

3.2.2 Gekonnt durchführen

Journalistinnen und Journalisten dürfen zu einer Pressekonferenz zu spät kommen – die Veranstalter nicht. Sie müssen sogar einige Zeit vor Beginn am Ort sein und

- sich darum kümmern, daß Getränke bereitstehen,
- prüfen, ob die erforderlichen Medien funktionieren,
- die Unterlagen für die Presse auslegen,
- Tische und Stühle so stellen, daß die Journalistinnen und Journalisten direkten Blickkontakt mit den Teilnehmerinnen und Teilnehmern haben und sie nicht von der Seite ansprechen müssen.

Mit Unterlagen sind Informationen gemeint. Stift und Papier bringen Journalisten mit. Es ist überflüssig, der schreibenden Zunft billige Kugelschreiber – womöglich noch aus Plastik – und einen Vereinsblock auf die Tische zu legen. Kann sich ein Verein nicht leisten, Kugelschreiber im Wert von 50 DM oder mehr zu verschenken, sollte er es ganz lassen: wenn schon bestechen, dann richtig und originell. Nonprofit-Einrichtungen sollten auf »Präsente« verzichten. Investieren Sie lieber mehr Arbeit und Mühe in die Pressemappe.

Die *Pressemappe* muß keine *Mappe* sein. Gemeint sind Informationen und Materialien, die Journalistinnen und Journalisten die Arbeit erleichtern:

- eine Zusammenstellung der zentralen Aussagen der Referenten (»Waschzettel«),
- Zahlen, Daten, Statistiken (wenn erforderlich),
- Bildmaterial,
- eine Selbstdarstellung des Vereins oder anderes Hintergrundmaterial.

Wenn Ihr Verein es sich leisten kann und wenn Sie mehr als zwei Blätter an die Presse verteilen wollen, sollten Sie das

Material in einer Mappe verteilen. Das macht mehr her und erleichtert es, die Unterlagen heil in die Redaktion zu bringen. Den Ablauf einer Pressekonferenz zeigt das folgende Diagramm:

Pressekonferenzen sollten moderiert werden. Die Gesprächsführung übernimmt sinnvollerweise die oder der Verantwortliche für Pressearbeit (im folgenden kurz Pressesprecher oder Pressereferentin genannt). Der Pressesprecher begrüßt die Journalistinnen und Journalisten und stellt sich vor (falls ihn nicht alle kennen). Er erläutert in wenigen Worten den Anlaß der Pressekonferenz, stellt die Teilnehmerinnen und Teilnehmer vor und gibt eine kurze Vorschau, wer zu welchem Thema spricht.

Nach den Statements der Teilnehmer eröffnet die Pressereferentin den Hauptteil der Pressekonferenz: die Frage- und Antwort-Runde. Für sie gilt:

1. Wer eine Pressekonferenz durchführt, muß bereit sein, alle Fragen zu beantworten.
2. Es gibt keine dummen und unzulässigen Fragen.

Wer etwas zu verschweigen hat, sollte keine Pressekonferenz durchführen. Nur prominente Politiker, Spitzenmanager sowie Stars und Sternchen können es sich (manchmal) leisten, mit »kein Kommentar« zu antworten (und einen schlechten Eindruck zu hinterlassen). Wer zu einer Pressekonferenz einlädt, sollte auf unangenehme Fragen vorbereitet sein. Es gehört zur Arbeit von Journalistinnen und Journalisten, »nachzubohren«[13]. Ausreden und Ausflüchte fordern dazu besonders heraus. Wenn Sie eine Frage nach Zahlen, Daten, Fakten nicht beantworten können, sagen Sie es offen, und versprechen Sie, die Informationen umgehend nachzureichen.

Fragen sollten nicht kommentiert, sondern beantwortet werden. Antworten sollen informieren und nicht belehren. Sie dürfen sich wünschen, daß die Journalistinnen und Journalisten, die zu Ihrer Pressekonferenz kommen, etwas von der Materie verstehen, um die es geht. Sie dürfen aber nicht davon ausgehen. Und Sie dürfen schon gar nicht laut aufstöhnen, wenn eine Frage Unkenntnis demonstriert. Jede Form von Belehrung oder Tadel (»Sie sollten eigentlich wissen, daß ...«, »Ich habe eigentlich vorausgesetzt, daß ...«) ist ebenso unangebracht wie ein autoritäres »Jetzt passen (schreiben) Sie mal auf, junger Freund«.[14]

---

13 Hofberichterstatter wie Heinz Klaus Mertes haben nur Mächtige.
14 Journalisten dürfen alles fragen. Wenn ihre Fragen keine Fragen, sondern Belehrungen oder Unterstellungen sind, ist – ausnahms-

Wenn die Pressereferentin den Eindruck hat, daß die Fragen eines Journalisten die anderen Journalistinnen und Journalisten nerven, sollte sie anbieten, seine Fragen im Anschluß an die Pressekonferenz zu beantworten.

Läßt das Interesse nach, werden keine Fragen mehr gestellt, schließt der Pressesprecher die Pressekonferenz mit einer freundlichen Bemerkung.

Nur die Pressevertreter dürfen sofort zum nächsten Termin eilen. Die Veranstalter sollten Zeit haben für Interviews, themenbezogene und allgemeine Nachfragen oder eine (private) Unterhaltung. Das Gespräch danach kann unter Umständen wichtiger sein als die eigentliche Pressekonferenz. Mit Journalistinnen und Journalisten, die man bislang noch nicht kannte, können erste Kontakte geknüpft werden. Und es besteht die Möglichkeit, sich in informellen Gesprächen Rückmeldungen über die Pressekonferenz zu verschaffen.

3.2.3 Sorgfältig nachbereiten

Wer Kraft und Zeit in die Vorbereitung einer Pressekonferenz investiert hat, sollte die Arbeit bilanzieren. Entscheidendes Kriterium für den Erfolg ist das Medienecho. Eine kritische Nachbereitung setzt früher an: Wieviel Journalistinnen und Journalisten kamen zur Pressekonferenz? Welche Medien waren (nicht) vertreten? Diese Fragen können anhand der Anwesenheitsliste, die bei keiner Pressekonferenz fehlen sollte, zuverlässig beantwortet werden. Eine Anwesenheitsliste ermöglicht

• einen Vergleich zwischen der Zahl der Einladungen, die ver-

---

weise – folgende Antwort erlaubt: »An Ihrer Frage ist nur das Fragezeichen seriös.« Nehmen Sie gleichwohl Stellung – und fahren Sie fort: »Zur Sache meine ich ...« (Zum Umgang mit rhetorischen Fragen vgl. Christiane Tillner, Norbert Franck: Selbstsicher reden. München 1994, S. 80 ff.)

schickt wurden, und der Zahl der Journalistinnen, die an der Pressekonferenz teilnahmen,

- zu überprüfen, welche Journalisten über die Pressekonferenz berichtet haben,
- einen Überblick, bei welchen Medien nachgehakt werden muß.

Die Anwesenheitsliste ist schließlich eine wichtige Grundlage zur Erweiterung bzw. Ergänzung des Presseverteilers (vgl. S. 195).

Nach jeder – gut oder schlecht besuchten – Pressekonferenz sollte ausgewertet werden, ob

- der Anlaß bzw. das Thema der Pressekonferenz auf Resonanz stieß,
- Zeit und Ort richtig gewählt waren,
- die Einladung wirklich einlud und rechtzeitig verschickt wurde.

Ob eine Pressekonferenz erfolgreich war, läßt sich mit drei Fragen prüfen:

1. Haben alle anwesenden Journalisten berichtet?
2. Wie umfangreich haben sie berichtet?
3. Welche Tendenz läßt die Berichterstattung erkennen?[15]

Um Konsequenzen für künftige Pressekonferenzen ziehen zu können, ist vor allem darauf zu achten,

- was (nicht) aufgegriffen wurde,
- welche Aussagen wörtlich zitiert wurden,
- was fehlerhaft wiedergegeben wurde (und woran das liegt).

---

15 War Ihre Pressekonferenz so gut besucht, daß Sie die Berichterstattung nicht mehr selbst überblicken können, kann es zweckdienlich sein, einen »Ausschnittdienst« damit zu beauftragen, die Medienresonanz zu dokumentieren. In der Bundesrepublik gibt es gut ein Dutzend solcher »Büros für Pressebeobachtung«.

Eine Pressekonferenz nachbereiten heißt oft auch: weiterarbeiten. Sind Journalisten wichtiger Medien nicht erschienen, geht die Pressearbeit weiter. Die Journalisten bzw. Redaktionen sind anzurufen und zu fragen, ob sie das Thema der Pressekonferenz interessiert und Informationen zugeschickt werden sollen. Ist dies der Fall, sollte noch am Tag der Pressekonferenz eine Pressemitteilung gefaxt werden, die das Wesentliche zusammenfaßt (je besser der »Waschzettel« zur Pressekonferenz ausfällt, desto geringer ist hierbei der Arbeitsaufwand).

War die Pressekonferenz gut besucht, bleibt in den Tagen darauf die Aufgabe, die Berichte zu einem Pressespiegel zusammenzustellen und/oder zu archivieren für

• eine Dokumentation,
• den Jahresbericht,
• eine Pressemappe für künftige Pressekonferenzen.

Checkliste Pressekonferenz

Anlaß, Inhalt, Teilnehmerinnen und Teilnehmer:

- Ist der Anlaß wichtig genug?
- Stehen die zentralen Aussagen fest?
- Ist bei der Auswahl der Teilnehmerinnen und Teilnehmer das Motto »Mischung statt Dopplung« berücksichtigt?
- Haben sich die Teilnehmer abgesprochen?
- Sind sie auf unangenehme Fragen vorbereitet?
- Ist der Ablauf besprochen?
- Wer leitet die Pressekonferenz?

Zeit:

- Ist sichergestellt, daß am gleichen Tag keine wichtigeren Ereignisse stattfinden?
- Finden zur selben Uhrzeit wichtige Ereignisse statt?
- Ist die Zeit »journalistenfreundlich«?

Ort:

- Entspricht der Ort dem Anlaß?
- Ist er groß und hell genug?
- Ist er leicht zu erreichen, sind Wegbeschreibungen notwendig?
- Können problemlos Medien eingesetzt werden?
- Steht der Raum auch nach der Pressekonferenz einige Zeit zur Verfügung (zum Beispiel für Interviews)?

Einladung:

- Sind alle Medien eingeladen?
- Rechtfertigt das Thema, mehr Medien als üblich einzuladen?

- Ist sichergestellt, daß die Einladung rechtzeitig rausgeht?
- Ist die Einladung informativ, macht sie neugierig?
- Enthält die Einladung alle wichtigen Daten?
- Wurde rechtzeitig nachgehakt, ob die Eingeladenen kommen?

Pressemappe:

- Soll eine Pressemappe verteilt werden?
- Kann sinnvolles Bildmaterial zur Verfügung gestellt werden?
- Wieviel Pressemappen werden benötigt?

Die wichtigen Kleinigkeiten:

- Ist die Bewirtung geregelt?
- Funktionieren die Medien, die eingesetzt werden sollen?
- Ist eine Anwesenheitsliste vorbereitet?
- Ist im Gebäude eine Ausschilderung erforderlich?
- Sind Tische und Stühle situationsgerecht aufgestellt?

3.3 Präzise und vorbereitet:
Interview und Hintergrundgespräch

»Ich möchte zunächst den Wählerinnen und Wählern, die uns ihr Vertrauen geschenkt haben, herzlich danken. Mein Dank geht auch an die Parteifreunde in B., die mit E. D. an der Spitze einen hervorragenden und engagierten Wahlkampf geführt haben. Wir haben unser Wahlziel erreicht. Wir sind wieder stärkste Partei geworden, und das zeigt, daß die Union auch in schwierigen Zeiten in der Lage ist, die Bürgerinnen und Bürger von ihrer zukunftsorientierten Politik für Deutschland und Europa zu überzeugen.«

So, oder so ähnlich, antwortet der Generalsekretär der CDU in der »Bonner Runde« auf die Frage nach den Gründen für die Wahlschlappe seiner Partei. Er kann es sich leisten; er wird trotzdem nach jeder Landtagswahl wieder ins Bonner ARD-Studio eingeladen.[16] Die »Bonner Runde« ist eine feste Einrichtung, die mit bestimmten Antwortritualen auskommen muß.

Wer nicht regelmäßig von großen Sendern und wichtigen Zeitungen zu Gesprächsrunden und Talkshows eingeladen oder um Interviews gebeten wird, sondern um einen bescheidenen Platz in den Medien ringen muß, sollte sich nur in einem Punkt an Herrn Hintze (oder Westerwelle) orientieren: Die Parteiprofis können nach jeder Wahlniederlage mit Zahlen aufwarten, die »beweisen«, daß ihre Partei im Vergleich zu dieser oder

---

16 Ob es seiner Partei nutzt, ist fraglich. Ich vermute, solche autistischen Antworten sind eine Ursache für die häufig beklagte »Verdrossenheit« über die »Volksparteien«. Die Herren Generalsekretäre wären sicher gut beraten, wenn sie die Ursachen der zurückgehenden Wahlbeteiligung auch in ihrem Politikstil suchen würden.

178

jener Wahl zugelegt hat. Kurz: Die Herren sind gut auf Gespräche vorbereitet.

Ich gehe im folgenden auf zwei Gesprächsformen als Mittel und Möglichkeiten der Pressearbeit ein: das Interview und das Hintergrundgespräch.

3.3.1 Auf Sendung: Interview

Nach einer Pressekonferenz kommt eine Journalistin und fragt, ob sie noch ein kurzes Interview machen kann. In Bonn wurde die Kürzung von Sozialleistungen beschlossen, und ein Regionalsender fragt, ob Sie am Nachmittag in einem Live-Interview von 2 ½ Minuten aus der Perspektive Ihres Vereins zu diesen Kürzungen Stellung nehmen wollen. Das Landesstudio X des Fernsehsenders Y will ein Team vorbeischicken, um Sie über die geplante Sanierung eines Altbauviertels zu interviewen, in dem viele alte Menschen und Migrantinnen und Migranten wohnen. – Eine große Chance und eine Herausforderung.

Interviews bieten die Möglichkeit, eine Meinung authentisch rüberzubringen, einen Sachverhalt ungefiltert darzustellen. Interviews werden von vielen Menschen gerne gelesen, gehört bzw. gesehen.

Für jedes Interview, gleich ob für eine Zeitung, Radio oder Fernsehen, gilt: Eine gute Vorbereitung ist nicht alles, aber ohne Vorbereitung wird es oft nichts. Fragen Sie, wenn Sie um ein Interview gebeten[17] werden,

• welche Themen angesprochen werden sollen,
• in welchem Zusammenhang das Interview steht,
• wie lange es dauern soll,
• wie es ablaufen soll.

---

17 Sie können Medien auch ein Interview anbieten, wenn Sie etwas Interessantes zu sagen haben. Das ist nicht peinlich.

Aber blamieren Sie sich nicht mit dem – von Detlef Luthe empfohlenen – Versuch, »bestimmte Interviewfragen abzustimmen«[18]. Das ist nicht üblich (und nur das Privileg des Kanzlers bei seinem »Haussender« SAT 1). Wenn es die Zeit erlaubt und sich thematisch anbietet, können Sie Journalisten vorab Material Ihres Vereins zur Verfügung stellen. Das erhöht die Chance auf sachgerechte und sachkundige Fragen. Ob sich Journalistinnen und Journalisten vorbereiten, liegt jedoch ebenso in ihrem eigenen Ermessen wie die Entscheidung, was sie fragen.

Investieren Sie Zeit in die Vorbereitung auf ein Interview. Selbst Medienprofis handeln nicht nach der Maxime »es wird mir schon etwas einfallen«. Sie sollten ihre »Botschaft(en)« im Kopf haben und an griffigen Formulierungen arbeiten. Nur wenn Sie täglich über einen Sachverhalt reden, stellen sich Formulierungen »wie von selbst« ein. Doch Vorsicht: Diese Formulierungen sind häufig nicht gelungen, sondern für Außenstehende nur schwer oder überhaupt nicht verständliches »Vereinschinesisch«. Da Zeit bei Sendeanstalten bzw. Platz in Zeitungen immer knapp ist, müssen Sie rasch auf den Punkt kommen – oder Sie verschenken Ihre Chance.

Während eines Interviews sollten Sie folgende Punkte beachten:
• Antworten sollten kurz und prägnant sein. Das ist deshalb wichtig, weil Interviews häufig gekürzt werden. Sind Ihre Antworten zu lang, kann es passieren, daß eine Antwort völlig gestrichen oder geschnitten wird.
• Wenn Ihr Interviewpartner sich nicht genau auskennt, nutzen Sie seine Wissenslücke, um sachgerecht zu informieren bzw. zu kommentieren. Ärgern Sie sich nicht, sondern steuern Sie durch Ihre Antworten seine Fragen.

---

18 Detlef Luthe: Öffentlichkeitsarbeit für Nonprofit-Organisationen. Augsburg 1994, S. 110.

- Greifen Sie sich bei einer Kettenfrage den Aspekt heraus, der Ihnen am wichtigsten erscheint, und gehen Sie darauf ein.
- Sie können den Interviewverlauf beeinflussen, indem Sie das Wichtigste im jeweils letzten Satz sagen. Am letzten Satz wird häufig angeknüpft, um die nächste Frage zu stellen.
- Sie müssen nicht sofort zur Sache sprechen. Sie können einen Überbrückungssatz formulieren: »Lassen Sie mich kurz nachdenken, um Ihre Frage so konkret wie möglich beantworten zu können.«
- Gliedern Sie Ihre Antworten. Das hilft Ihnen und erleichtert das Zuhören: »Ihre Frage spricht drei verschiedene Aspekte an. Ich will zunächst auf ... eingehen, dann auf.... und schließlich auf die Frage nach...«.
- Sie können immer eine Gegenfrage stellen, wenn Sie die Frage nicht richtig verstanden haben: »Können Sie Ihre Frage etwas präziser (konkreter) formulieren?«
- Enthält die Frage eine Voraussetzung, die Sie nicht teilen, weisen Sie darauf hin: »Ihre Frage enthält eine Voraussetzung (einen Gegensatz), die ich nicht teile. Ich gehe aber gerne auf das angesprochene Problem ein.«
- Können Sie eine Frage nicht beantworten, sagen Sie schlicht: »Das weiß ich leider nicht.« Oder weisen Sie darauf hin, daß Sie nicht der richtige Ansprechpartner für diese Frage sind.

Sind Sie mit Ihrem Interview zufrieden, können Sie es in einer Presseerklärung zusammenfassen[19]. Sie sollten dies allerdings

---

19 Ein Beispiel für eine Presseerklärung zu einem Interview: »Die Entscheidung des Stadtrats von Schwarzstadt, das Kinderschutz-Zentrum künftig nicht mehr finanziell zu fördern, sei »Ausdruck einer verfehlten Kinder- und Jugendpolitik der Stadt«. Dies erklärte Simone Prantel, Geschäftsführerin des Kinderschutz-Zentrums, dem *Schwarzstädter Echo*. Frau Prantel warnte vor den Folgen einer Schließung des Kinderschutz-Zentrums. Sie forderte die Stadt auf, ...«

zuvor mit der jeweiligen Redaktion absprechen, die vielleicht selbst eine Vorabmeldung herausgeben will.

Zeitung

Bei Zeitungsinterviews sollten Sie darauf bestehen, den Text zu autorisieren, der veröffentlicht werden soll. Das ist ein übliches Verfahren. Sie können einzelne Formulierungen korrigieren. Wurden bei einem längeren Interview Teile Ihrer Antworten gestrichen, steht es Ihnen frei, die Schwerpunktsetzung zu verändern. Sie können allerdings nicht den Text völlig umschreiben, wenn Sie ungeschickt oder unzulänglich geantwortet haben. Haben Sie ein Interview regelrecht verpatzt, bleibt als letzte Möglichkeit, den Abruck des Interviews zu verweigern. Sie sollten allerdings die Folgen bedenken: Sie werden in der nächsten Zeit nicht mehr um ein Interview gebeten.

Rundfunk

Kurze und prägnante Antworten sind bei Rundfunk- und Fernsehinterviews besonders wichtig. Die Zuhörer bzw. Zuschauerinnen müssen Ihre Antworten auf Anhieb verstehen, sie können nicht nachlesen. Und Radiohören ist für die meisten Menschen eine Nebenbeschäftigung, der sie nur geringe Aufmerksamkeit schenken. Deshalb: kurze und knappe Antworten ohne Fachausdrücke und Abkürzungen.

Wenn Sie langsam, ruhig und sachlich sprechen, können die Zuhörerinnen und Zuhörer Ihnen leichter folgen, und Sie werden sich nicht versprechen oder Schwierigkeiten haben, einen Satz richtig zu beenden. Die meisten Mikrophone sind so ausgelegt, daß Geräusche aus dem Hintergrund oder von der Seite unterdrückt werden. Sprechen Sie deshalb direkt ins Mikrophon. Aber gehen Sie nicht zu dicht heran, sonst blubbern die Mitlaute.

Wenn es kein Live-Interview ist, fragen Journalisten am Schluß häufig, ob etwas Wichtiges vergessen wurde. Sie können dann noch nachtragen, was Sie nicht losgeworden sind. Im Studio wird eine Frage zu Ihrer Antwort eingespielt.

Fernsehen

Wenn sich ein TV-Sender für ein 2-Minuten-Interview in den Vereinsräumen angemeldet hat, sollten Sie sich darauf einstellen, daß Sie das bis zu einem halben Tag kostet: Die Beleuchtung muß eingerichtet, der richtige Hintergrund für die Aufnahmen gesucht (oder arrangiert) werden, vielleicht wird noch eine Außenaufnahme gemacht usw.

Wohin schauen, wenn die Kamera läuft? Schauen Sie entweder den Interviewer an oder blicken Sie in die Kamera. Wenn Sie sich für die zweite Möglichkeit entscheiden, entsteht bei den Zuschauerinnen und Zuschauern der Eindruck, daß Sie sich direkt an sie wenden. Blicken Sie erst dann in die Kamera, wenn die Frage gestellt ist. Wenden Sie sich langsam der Kamera zu und antworten Sie. Schauen Sie nach der Antwort wieder die Interviewerin an.

Im Fernsehen werden Sie gesehen. Da die wenigsten Menschen Geräte mit 100-Hertz-Technik haben, sollten Sie etwas dazu beitragen, Flimmern auf dem Bildschirm zu vermeiden: Schrill leuchtendes Rot, Blau und Grün sowie alles Kleinkarierte verstärkt Flimmereffekte. Wenn Sie schwarze und weiße Kleidung tragen, verlieren Sie Kontur. Blasse, getönte Farben kommen, jedenfalls im Fernsehen, am besten.

Und wenn ...

... ein Satz verunglückt?

Niemand spricht fehlerfrei. Wenn Sie einen Satz mit kleinen Verstößen gegen die Grammatik beenden, ist das kein Drama. Sofern problemlos zu verstehen ist, was Sie gemeint haben, sprechen Sie einfach weiter. Sie können auch – ohne Entschuldigung – das entsprechende Wort verbessern. Kommen Sie mit Ihrem Satz überhaupt nicht mehr klar, brechen Sie ihn ab und fangen ihn neu an. Sie können schlicht sagen: »Ich beginne den Satz noch einmal neu.« Sie können auch ein bißchen bluffen:

- »Ich möchte es besser formulieren...«
- »Präziser ausgedrückt...«
- »Genauer gesagt...«

... Sie sich versprechen?

Gehen Sie über kleine Versprecher, die den Sinn Ihrer Aussage nicht entstellen, hinweg. Wird der Sinn entstellt, korrigieren Sie ohne Entschuldigung: »Ich meine natürlich nicht pädagogisch, sondern psychologisch.«

... das treffende Wort fehlt?

Das ist eine normale Erscheinung bei einem Interview. Setzen Sie mit einer Umschreibung oder einem anderen treffenden Wort Ihre Antwort fort. Sie können sich auch laut fragen: »Wie kann ich es treffend formulieren?« und sich so eine Denkpause verschaffen.

... Sie etwas vergessen haben?

Die Zuhörerinnen oder Zuschauer wissen nicht, was Sie alles sagen wollten. Wenn Sie ein zentrales Argument

oder einen wichtigen Gesichtspunkt vergessen haben, tragen Sie diesen Punkt bei der nächsten Frage nach:
- »In diesem Zusammenhang ist zu ergänzen,...«
- »Dabei ist zu berücksichtigen, daß...«[20]

3.3.2 Kaffee und Zuckerl: Hintergrundgespräch

Mit und über die Presse Politik zu machen, ist in Bonn und anderswo ein beliebtes Spiel. Wenn montags im *Spiegel* steht, in den Fluren des Kanzleramtes erwarte »man« täglich, daß diese oder jener in den nächsten Tagen in die zweite Reihe zurücktreten müsse oder vom Kanzler fallengelassen werde, dann standen nicht *Spiegel*-Reporter einige Tage in den Kanzleramtsfluren herum und machten sich eifrig Notizen. Vielmehr wurde einem *Spiegel*-Mitarbeiter etwas »gesteckt«.[21] Nicht selten macht sich der Informant große Hoffnung, Nachfolger der Person zu werden, die angeblich auf der »Abschußliste« steht. Um diese Art der Hinterhaltgespräche geht es mir nicht, son-

---

20 Diese Empfehlungen sind leicht verändert übernommen aus: Christiane Tillner, Norbert Franck: Selbstsicher reden. München 1994, S. 168 ff.
21 Der *Spiegel* ist stets bemüht, Informationen so aufzubereiten, daß der Eindruck entsteht, sie seien authentisch. Ein Beispiel: Der frühere DGB-Vorsitzender Meyer trifft mit dem ehemaligen Grünen-Sprecher Volmer zusammen. Volmer spricht das Konzept eines »Ökonomischen New Deal« an. Meyer ist nicht besonders begeistert. Das sind die Fakten. Der *Spiegel* macht daraus: »Der DGB-Chef raunzte Volmer an: Das sind zu viele Fremdwörter.« Pure *Spiegel*-Phantasie.

dern um sachliche Hintergrundgespräche als Mittel einer seriösen Pressearbeit.[22]

Hintergrundgespräche sind für eine kontinuierliche Pressearbeit unverzichtbar. Sie zahlen sich nicht unmittelbar aus, sondern können langfristig Früchte tragen. Hintergrundgespräch sind ein Mittel,

1. Kontakte mit Journalistinnen und Journalisten zu vertiefen,
2. Anstöße für eine Berichterstattung zu geben und
3. Verständnis für Ihre Arbeit zu wecken bzw.
4. Mißverständnisse über die Vereinsarbeit auszuräumen.

Ein Hintergrundgespräch dient dazu, Journalistinnen und Journalisten mit Informationen zu versorgen, die über die Tagesaktualität hinausgehen und ihnen einen besseren Einblick in die Vereinsarbeit geben. Das können Hintergrundinformationen über langfristige Projekte und Vorhaben oder wichtige Personalentscheidungen sein. Das Hintergrundgespräch ist auch eine geeignete Form, Fachjournalisten zu informieren. Das Mittel Hintergrundgespräch sollte nur dann gewählt werden, wenn auch tatsächlich Hintergrundinformationen geboten werden können: Informationen, die

• dem Verständnis künftiger Vorhaben dienen,
• die Einordnung anstehender Entscheidungen erleichtern,
• Journalistinnen und Journalisten einen Vorlauf für die Berichterstattung geben.

Hintergrundgespräche können beiden Seiten nutzen: Journalistinnen und Journalisten sind in der Lage, über ein Ereignis oder eine Entscheidung kompetent zu berichten. Für den Verein oder die Initiative erhöht sich die Chance, ins rechte Licht gerückt zu werden.

---

22 Die meisten Hinweise zur Planung und Vorbereitung einer Pressekonferenz gelten auch für das Hintergrundgespräch. Ich führe nur neue Gesichtspunkte an.

Die Intention des Hintergrundgesprächs bestimmt die Form. Es ist keine Frage- und Antwortrunde, sondern wie der Name sagt, ein Gespräch. Der im Vergleich zur Pressekonferenz informelle Charakter dieses Gesprächs kann dadurch unterstrichen werden, daß es als »Pressefrühstück« (mit allem, was dazugehört) durchgeführt wird.

Zum Frühstück lädt man in der Regel keine fremden Menschen ein. Das gilt auch für das Pressefrühstück oder Hintergrundgespräch: Ein offenes Gespräch setzt eine längere Zusammenarbeit voraus, in der sich ein Vertrauensverhältnis entwickeln konnte. Während Sie bei einer Pressekonferenz alle Journalistinnen und Journalisten gleich behandeln, treffen Sie bei einem Hintergrundgespräch eine Auswahl.

In einer vom Deutschen Städtetag herausgegeben Arbeitshilfe heißt es: Die Hintergrundinformation »ist nicht zur Veröffentlichung bestimmt«, sondern soll »lediglich einen bestimmen Tatbestand ... erhellen und verständlich machen.«[23] Das ist aus der Perspektive einer Kommunalverwaltung formuliert, die nicht immer alle Karten auf den Tisch legen will. Ein Verein, der nichts zu verbergen hat, sollte Hintergrundinformationen als zusätzliches Informationsangebot verstehen und Journalistinnen und Journalisten die Entscheidung überlassen, was sie bringen wollen. Der Hinweis, »diese Information bitte vertraulich behandeln« sollte die Ausnahme sein. Wenn alle Ihre Informationen »off the record« sind, vergraulen Sie Ihre Gesprächspartner.

---

23 Ewald Müller, Joachim Peter, Werner Istel: Städtische Presse- und Öffentlichkeitsarbeit. Eine Arbeitshilfe. Köln 1991, S. 58.

3.4 Hege und Pflege: Umgang mit Journalisten

Journalistinnen und Journalisten sind
- »Rasende Reporter« (Egon Erwin Kisch),
- Oberlehrer (»Die SPD muß endlich begreifen...«),
- Hofberichterstatter (wie Heinz Klaus Mertes oder Wolf Feller),
- verhinderte (Lokal-)Politikerinnen (»In Hanau kommt es jetzt darauf an...«),
- »Kehrrichtsammler der Tatsachenwelt« (Karl Kraus),
- Lokalpatriotinnen (»unser schöner Rathausvorplatz darf nicht länger...«),
- Vereinsmeier (»Tolle Stimmung bei der diesjährigen Rassehühnerzüchterkarnevalssitzung«),
- Medienstars (»Talk mit...«, »Prominente zu Gast bei...«).

Kürzer: Journalistinnen und Journalisten sind verschieden. Sie sind weder Bettler noch Königinnen, sondern auf der Suche nach Neuigkeiten. Das ist ihr Beruf. Und sie erwarten von der »anderen Seite« einen professionellen Umgang mit den Erfordernissen ihrer Profession.

Sie finden auf den nächsten Seiten keine »kleine Psychologie des Umgangs mit Journalisten«, sondern Hinweise auf Voraussetzungen und Anforderungen für eine professionelle Kommunikation mit Vertretern dieses Berufsstandes. Im Einzelfall mag es nützlich sein, Hobby, Eigenarten und die bevorzugte Cognac-Marke eines Journalisten zu kennen. Aber die in der Literatur häufig empfohlene Kartei mit Daten über Geburtstag, Alkohol- oder andere Vorlieben führt in die falsche Richtung. Zum einen können gemeinnützige Einrichtungen ohnehin nicht mit den »Aufmerksamkeiten« konkurrieren, mit denen

kommerzielle Unternehmen oder Regierungen aufwarten[24].
Zum anderen gilt für den persönlichen Umgang: Journalisten
sind Menschen, die Sie so höflich, freundlich und interessiert
behandeln sollten wie andere Menschen. Überlassen Sie es
Vertretern, Karteikarten mit Notizen anzulegen, bei welchen
Kunden Blondinen-»Witze« gut ankommen.

3.4.1 Professionell und persönlich

Journalistinnen und Journalisten, die über Vereine, Verbände
usw. berichten, wollen einen festen Ansprechpartner. Sie wollen nicht heute eine Pressemitteilung vom Geschäftsführer,
morgen einen Veranstaltungshinweis von einer Fachreferentin
und am Tag darauf eine Beschwerde vom Vereinsvorsitzenden.
Journalistinnen und Journalisten sind dankbar, wenn die oder
der für die Pressearbeit Zuständige in der Lage ist, ihre Perspektive einzunehmen, und bei jeder Mitteilung, die an die
Presse gehen soll, prüft: Hat sie einen Nachrichtenwert? Der
erste Schritt zum richtigen Umgang mit Journalisten ist dann
getan, wenn in den *Vereins*papierkorb wandert, was keinen
Nachrichtenwert hat. Gehen Nichtinformationen an die
Presse, landen sie im *Redaktions*papierkorb – und der Verein
bzw. sein Pressesprecher erhält den Ruf, ein (lästiger) Lang-
weiler zu sein – statt eine Quelle für Nachrichten.
Selbstverständlich ist eine Pressesprecherin dafür verantwort-
lich, daß die Arbeit des Vereins in den Medien Resonanz findet.
Das gelingt allerdings nur mit einem gewissen Maß an Distanz

---

24 Es sei denn, Ihr Verein kann (wie Autofirmen) Journalistinnen und
Journalisten auf die Bahamas einladen, um dort sein neues Konzept zur Betreuung Obdachloser vorzustellen. Selbst wenn Geld
nicht das Problem wäre: Thema und Rahmen passen wohl kaum
zueinander.

zur Vereinsarbeit. Versteht sich eine Pressesprecherin als »Verkünderin« von Vereinsbeschlüssen oder Vorstandswahrheiten, ist sie für Journalistinnen und Journalisten keine ernsthafte Gesprächspartnerin. Versteht sich die Pressesprecherin als Kommunikationspartnerin, die Informationen aufbereitet, Zusammenhänge herstellt und Hintergründe erläutert, ist der Grundstein für eine erfolgreiche Zusammenarbeit gelegt. Ich habe bereits darauf hingewiesen, daß eine solche Haltung häufig erst gegen den Vorstand durchgesetzt werden muß und eindeutige Zuständigkeiten voraussetzt.

Ein Kommunikationspartner der Presse folgt dem Motto »Nicht die Masse macht's«. Er gibt lieber weniger, dafür aber stets informatives Material an die Presse. Er verhält sich gegenüber der Presse wie (hoffentlich) auch im Alltag: Gesprächspartnerinnen und -partner setzt man – neudeutsch formuliert – keinem »verbalen Overkill« aus.

Kommunikation mit einem Partner sollte so direkt wie möglich erfolgen. Man kommuniziert nicht mit dem Westdeutschen oder Norddeutschen Rundfunk, sondern mit zuständigen Redaktionen oder besser: mit einem zuständigen Redakteur. Pressemitteilungen oder Einladungen zur Pressekonferenz werden deshalb nicht an den Chefredakteur geschickt (in der Hoffnung, der wird schon dafür sorgen, daß jemand berichtet).

Die direkte Kommunikation muß zügig erfolgen; denn Nachrichten müssen aktuell sein. Wer wartet, bis ein Ereignis »abgehangen« ist, verbaut sich die Chance auf Medienresonanz.

Journalistinnen und Journalisten sind häufig mit Arbeit und Terminen bis über beide Ohren zugedeckt. Hoffen Sie deshalb nicht darauf, daß Journalistinnen und Journalisten auf Sie zugehen. Sie müssen Informationen anbieten. Und nur wenn Sie das tun, werden nach einiger Zeit Nachfragen kommen. Vor allem, wenn Sie neu im Metier und künftig für Pressearbeit zuständig sind, sollten Sie den ersten Schritt machen: Rufen Sie

in der Redaktion an und vereinbaren Sie einen Besuch. Keine
Lokal- oder Regionalredaktion würde sich über dieses An-
sinnen wundern.[25] Sie können auch einen »offiziellen Anlaß«
wählen, zum Beispiel einen kleinen Imbiß im Anschluß an eine
Pressekonferenz.

Ein Grundsatz ist in der Pressearbeit besonders wichtig: Behandeln Sie alle Journalistinnen und Journalisten gleich. Dieses
Prinzip sollten Sie insbesondere dann beachten, wenn Sie sich
über einen Journalisten geärgert haben. Bestrafen Sie nicht mit
»Informationsentzug«: Sie schaden nur sich selbst. Teilen Sie
vielmehr dem oder der Betreffenden (und nicht gleich dem
Chefredakteur!) mit, was Ihnen warum mißfiel.

Ausnahmen von dieser Regel sind zulässig. Nicht alle Medien
sind für Ihre Arbeit gleich wichtig. Ein Journalist, der für die
Zeitung schreibt, die in Ihrer Region die größte Beachtung
findet, ist »gleicher« als andere. Das gilt auch für die Redakteurin, die für einen Sender arbeitet, der die größte Wirkung in
Ihrem Arbeitsfeld hat.[26] In diesem Sinne wichtige Journalistinnen und Journalisten können Sie gelegentlich über allgemeine Informationen hinaus mit Hintergrundinformationen

---

25 Allerdings müssen die Relationen stimmen: Die Zentralredaktion
der *Frankfurter Rundschau* oder ihre Bonner Korrespondentinnen
und Korrespondenten wären sehr erstaunt, wenn sich zum Beispiel
der neue Pressesprecher der Aids-Hilfe Wuppertal persönlich vorstellen wollte.

26 Beachtung bzw. Wirkung ist nicht identisch mit Reichweite (Auflage oder Zuschauerzahlen). Ein Anzeigenblatt mag eine höhere
Auflage haben als die Lokalzeitung. Mehr Aufmerksamkeit finden
in der Regel Berichte in der Lokalzeitung. Würde die auflagen-
starke *Frankfurter Allgemeine Zeitung* über ihren Schatten springen und einen Aufruf zu einer Demonstration gegen Atomkraft-
werke veröffentlichen, hätte diese kleine Pressesensation einen
geringeren Mobilisierungseffekt als ein Aufruf in der auflagen-
schwachen *taz*.

versorgen oder ihnen eine Geschichte exklusiv anbieten. Das setzt voraus, daß diese Informationen auch tatsächlich einen hervorgehobenen Exklusivbericht rechtfertigen. Die Eröffnung einer neuen Sozialstation ist dafür ebensowenig geeignet wie die Neuwahl eines Vorstands. Sie sollten jedoch die Bevorzugung eines oder weniger Journalisten nicht zur Regel machen, sonst verderben Sie sich die Beziehungen zu den übrigen Medien.

Haben Sie über die Vorleistung aktuelle und interessante Informationen einen persönlichen Kontakt zu einigen Journalisten hergestellt, sollten Sie den Kontakt auch dann pflegen, wenn es nichts Konkretes zu besprechen gibt. Journalisten sind Menschen, die sich auch gerne beim Wein, Bier oder Saft mit netten Menschen unterhalten (und ein bißchen klatschen und tratschen).

Ein guter Draht zu Journalistinnen und Journalisten ist zwar keine Garantie für erfolgreiche Pressearbeit; er sorgt aber dafür, daß Ihren Pressemitteilungen und Veranstaltungen mehr Aufmerksamkeit geschenkt wird. Und über persönliche Kontakte können Sie leichter erfahren, warum eine Ankündigung nicht erschienen ist, ein Termin nicht wahrgenommen wurde: Lag es an der »Nachrichtenflut«? War der Nachrichtenwert zu gering? Oder hatte schlicht niemand Zeit? Sie können also durch Rückmeldungen lernen, Ihre Pressearbeit zu verbessern. Diese Chance sollten Sie nutzen.

3.4.2 Die Medienlandschaft kennen und nutzen

Persönliche Kontakte zu Journalistinnen und Journalisten sind sehr wichtig und sollten gepflegt werden. Doch Pressearbeit kann nicht auf persönliche Kontakte beschränkt werden. Lax formuliert: Halten Sie sich nicht an »Ihrem« Lokalredakteur fest – es muß nicht immer nur die Lokal- oder Regionalzeitung sein, die über Ihre Arbeit berichtet. Nutzen Sie das gesamte Spektrum der Medien in Ihrer Region.

Um dies zu können, ist eine kontinuierliche Pressebeobachtung und Presseauswertung erforderlich. Eine aufmerksame und regelmäßige Medienauswertung

- ist wichtig, um die Besonderheiten einzelner Medien kennen und nutzen zu lernen: Gibt es zum Beispiel eine Jugendseite? Wird über Vereinsaktivitäten vor allem dann berichtet, wenn (Lokal-) Prominenz beteiligt ist?
- vermittelt ein Gespür für »Themenkonjunkturen«: Werden lokale Initiativen stärker beachtet, wenn ihr Arbeitsfeld bundesweit in der Diskussion ist?
- ist Voraussetzung für einen sachkundigen Überblick, wer worüber berichtet.

Durch eine regelmäßige Presseauswertung können außerdem Freie Journalisten entdeckt werden, die vielleicht eher für ein bestimmtes Thema zu interessieren sind, als die Redakteurinnen und Redakteure, die Sie gewöhnlich ansprechen.

Die Kenntnis der Medienlandschaft ermöglicht kompetente Entscheidungen, welche Medien zielgerichtet mit Informationen versorgt und für eine Berichterstattung interessiert werden sollten bzw. können. Wichtig ist, daß kein Medium übersehen und stets geprüft wird, ob das, was Sie gerne über Ihren Verein in der Zeitung lesen, im Rundfunk hören oder im Fernsehen sehen möchten, von lokaler, regionaler oder überregionaler Bedeutung ist.

Auf lokaler Ebene muß es nicht immer nur die Lokalzeitung sein. Denken Sie auch an

- Anzeigenblätter, deren redaktioneller Teil fast ausschließlich von Pressemitteilungen lebt;
- die Kirchenzeitungen, die über das Gemeindeleben hinaus berichten;

- das Stadtmagazin bzw. die Stadtzeitung und Schülerzeitungen, wenn Sie junge Menschen erreichen wollen;
- Zeitungen von Initiativen, Vereinen und Parteien, die häufig für Anregungen »von außen« aufgeschlossen sind;
- das kommerzielle Lokalradio mit chronischem Personalmangel;
- den Offenen Kanal bzw. Bürgerfunk[27], der für alle zugänglich ist.

Der Tabelle auf der folgenden Seite ist zu entnehmen, welche Medien Sie ansprechen können und sollten, wenn Ihr Verein etwas plant, das nicht nur »vor Ort« von Interesse ist, wenn Ihre Initiative ein originelles Konzept entwickelt hat, das auch von überregionaler Bedeutung ist[28].

Jedes Altenheim macht eine Weihnachtsfeier. Und keiner Lokalredaktion mangelt es im Dezember an Berichten über Weihnachtsfeiern. Veranstalten die Bewohnerinnen und Bewohner eines Altenheims keine Weihnachtsfeier, sondern demonstrieren an den langen Samstagen vor Weihnachten für längere Grünphasen der Fußgängerampeln, damit auch langsamere Menschen sicher über die Straße kommen, wird diese Aktion bestimmt von regionalen und überregionalen Medien beachtet (vorausgesetzt, sie werden rechtzeitig informiert). Wird also etwas Neues, Originelles, Beispielhaftes gemacht, gilt für die Pressearbeit: keine falsche Bescheidenheit.

---

27 Der nichtkommerzielle Lokalfunk ist darüber hinaus eine hervorragende Möglichkeit, die Arbeit eines Vereins im O-Ton vorzustellen. Vgl. dazu: Traudel Günnel, Felicitas Merkel, Andreas Klug: Radio für alle. Marburg 1995. Diese Publikation der Hans-Böckler-Stiftung enthält nützliche Hinweise auf weiterführende Literatur.

28 Einen umfassenden Überblick über die Medienlandschaft gibt der »Zimpel«, ein Verzeichnis der Print- und audiovisuellen Medien, das laufend aktualisiert wird (vgl. Literaturverzeichnis).

Regionale und überregionale Medien

Regional	Überregional
Zeitungen	Landeskorrespondenten Tages-, Wochenzeitungen
Magazine	Landesdienste Presseagenturen
Vereins-, Verbands- und Parteizeitschriften	Publikums-, Special-Interest-, Fach-, Verbands- und Parteizeitschriften
Regionalstudios und -büros Rundfunk*	Landesstudios Rundfunk*
Privater Rundfunk	Privater Rundfunk
Regionalstudios und -büros Fernsehen*	Landesstudios Fernsehen*
Privatfernsehen	Privatfernsehen

* Die in der ARD zusammengeschlossenen Sender haben ein unterschiedlich dichtes Netz von Landes- und Regionalstudios (bzw. Regionalbüros) für ihre Rundfunk- und Fernsehberichterstattung. Das ZDF hat neben seinen Studios in Mainz und Bonn in den Landeshauptstädten Studios.

Ich habe mich auf der Seite 188 gegen die Empfehlung ausgesprochen, eine Kartei zu führen, in der die persönlichen Vorlieben von Journalisten vermerkt sind. Wenn Sie Ihre Pressearbeit nicht auf einige wenige Medien beschränken, sondern gezielt eine größere Zahl von Journalistinnen und Journalisten ansprechen wollen, ist eine Kartei jedoch unverzichtbar. *Kartei* klingt im Computerzeitalter sehr altmodisch. Ich verwende daher den Ausdruck »Presseverteiler«.

Ein solcher Verteiler ist keine aufwendige Sache. Sie kommen mit wenigen Angaben aus:
• Medium,
• Redaktion/Ressort,
• Name des Journalisten, der Journalistin,
• Anschrift,
• Telefon-, Faxnummer und E-Mail-Adresse.

Mit einem modernen Adreßverwaltungs-Programm kann ein solcher Verteiler problemlos für eine zielgerichtete Pressearbeit differenziert werden. Neben einem »großen« Verteiler, in dem alle Medien bzw. Journalistinnen und Journalisten erfaßt sind, die Sie bei besonders wichtigen Ereignissen informieren wollen, können Spezialverteiler für eine gezielte Ansprache angelegt werden. Folgende Unterscheidungskriterien sind hierfür nützlich:
• Regionen: lokale, regionale und überregionale Medien;
• Zielgruppen: Medien, die bestimmte Zielgruppen erreichen (zum Beispiel bevorzugt von Jugendlichen gelesen werden bzw. eine Jugendseite oder Jugendsendung haben);
• Exklusivität: ausgewählte Journalistinnen und Journalisten, die Hintergrundinformationen erhalten.

Wie immer Sie für Ihren konkreten Arbeitszusammenhang einen Presseverteiler aufbauen und differenzieren, wichtig ist: er muß regelmäßig aktualisiert werden.

3.4.3 Einspruch: Konflikte mit der Presse

Zu einem professionellen Umgang mit Medien gehört Gelassenheit. Journalistinnen und Journalisten sind nicht auf der Welt, um Vereine zu loben oder Verbänden zu schmeicheln. Nicht immer fällt ein Bericht oder das, was aus einer Pressemitteilung gemacht wurde, zur Zufriedenheit eines Vereins aus. Ist ein Bericht sachlich richtig, aber unvollständig oder in der

Tendenz unfreundlich, sollten Sie sich nicht sofort (lautstark) beschweren oder gar eine Gegendarstellung schreiben. Weder der Zynismus vieler Stars und Sternchen *(Hauptsache mein Name ist richtig geschrieben)* noch die Eitelkeit mancher Vorstandsmitglieder *(mein Name wurde gar nicht erwähnt!)* sind für eine zielgerichtete Pressearbeit hilfreich.

Zwischen Schweigen und Gegendarstellung gibt es eine Reihe von Möglichkeiten, falsche Darstellungen zu korrigieren und auf unsachliche Kritik zu reagieren. Bei schwerwiegenden Fehlern in einem Bericht über Ihren Verein sollten Sie versuchen, in einem Gespräch mit dem zuständigen Redakteur eine Lösung zu finden, mit der beide Seiten zufrieden sind.

Das kann ein *redaktioneller Hinweis* auf einen Irrtum in der Berichterstattung sein oder ein *zweiter Artikel,* in dem der Sachverhalt – ohne ausdrücklichen Hinweis auf Fehler in der vorangegangenen Berichterstattung – korrekt dargestellt wird.

Auch *Leserbriefe* sind geeignet, falsche Darstellungen ohne große Auseinandersetzungen oder juristischen Aufwand zu korrigieren. Vereinbaren Sie mit der Redaktion, daß Sie einen Leserbrief schreiben, der ungekürzt veröffentlicht wird. Ergänzende bzw. richtigstellende Leserbriefe sollten nicht in einem verbissenen Ton geschrieben werden. Gelingt es, eine Korrektur mit Ironie zu verbinden, gewinnt man die Sympathie der Leserinnen und Leser.

Nach Absprache mit der Redaktion kann auch eine *Richtigstellung* veröffentlicht werden. Bevor man eine Richtigstellung schreibt, sollte vereinbart werden, daß sie
• unverändert gedruckt und
• von der Redaktion nicht kommentiert wird.

Die *Gegendarstellung* ist eine erzwungene Richtigstellung. Sie sollte letztes Mittel in der Pressearbeit sein, denn sie verhärtet die Fronten in einem Konflikt und erschwert die zukünftige Zusammenarbeit. Die Gegendarstellung ist ein »schweres Geschütz«. Bevor ein Verein schwere Geschütze einsetzt, sollte die Pressearbeit überprüft, der Umgang mit Journalistinnen und Journalisten überdacht werden.

Das Recht auf Gegendarstellung[29] ist in den Presse- und Rundfunkgesetzen der Länder geregelt. Werden Privat- oder juristische Personen (z.B. ein Verein) in ihrem Persönlichkeitsrecht verletzt, können sie eine Gegendarstellung verlangen. Richtiggestellt werden können nur falsche Tatsachenbehauptungen. Kommentiert ein Redakteur die Entscheidung eines Vereinsvorstandes zum Beispiel mit den Worten »dieser Vorstandsbeschluß richtet sich gegen die Interessen der ehrenamtlichen Mitglieder«, ist das keine Tatsachenbehauptung, sondern ein – rechtlich zulässiges und gesetzlich geschütztes – Werturteil. Die Meinungs- bzw. Pressefreiheit ist entschieden wichtiger als der Wunsch von Politikern oder Vereinen, positiv beurteilt zu werden.

Eine Gegendarstellung muß schriftlich innerhalb von 14 Tagen erfolgen (die meisten Landespressegesetze räumen in Ausnahmefällen, z.B. Urlaub, eine Frist bis zu drei Monaten ein). Das in einem Begleitschreiben formulierte Abdruckverlangen muß von der oder dem Betroffenen unterzeichnet werden (bei Vereinen von dem oder der Vorsitzenden) bzw. von einem Rechtsanwalt.

Die Gegendarstellung
- darf nicht länger sein als der beanstandete Text;
- muß im gleichen Teil (z.B.: Lokalteil) veröffentlicht werden, in dem der Artikel mit falschen Behauptungen plaziert war;
- muß in der Schriftgröße wie der beanstandete Text gesetzt werden;
- muß unverzüglich erscheinen;

---

29 Zum *Widerruf*, der in der täglichen Pressearbeit keine Rolle spielt, nur ein Satz: Am Ende eines langen Rechtsstreits kann eine Redaktion dazu verpflichtet werden, eine Behauptung zu widerrufen.

- darf von der Redaktion nicht verändert und
- muß mit dem Namen des oder der Betroffenen veröffentlicht werden.

Die Gegendarstellung darf nur Tatsachen gegen Tatsachen setzen und keine Wertungen enthalten. Üblich ist folgende Form:

Sie schreiben in Ihrer Ausgabe vom ...: »Der Vorsitzende des Vereins Bürgerfunk Astadt, Robert Müller, erhält eine Aufwandsentschädigung von 12.000 DM pro Jahr.«
Diese Behauptung ist falsch. Richtig ist vielmehr: Robert Müller erhält keine Aufwandsentschädigung für seine Tätigkeit als Vereinsvorsitzender.

In der Regel nutzt jede Redaktion ihr Recht, am Ende einer Gegendarstellung darauf hinzuweisen, daß sie gesetzlich dazu verpflichtet ist, die Gegendarstellung ohne Rücksicht auf den Wahrheitsgehalt zu veröffentlichen. Und die Redaktion kann hinzufügen, daß sie bei ihrer Darstellung bleibt.
Auch aus diesem Grunde ist der Nutzen einer Gegendarstellung fraglich; Aufwand[30] und Ertrag sind deshalb kritisch zu prüfen. Nur wenn kein Dialog mehr möglich ist, sollte dieses Mittel eingesetzt werden. Ein professioneller Umgang mit Journalistinnen und Journalisten hilft, solche Zuspitzungen zu vermeiden.
Ein professioneller Umgang schließt das Wissen ein, wie man sich wehrt. Zu einem professionellen Umgang gehört jedoch vor allem die freundliche Reaktion auf eine positive Berichterstattung.

---

30 Lehnt eine Redaktion die Veröffentlichung ab, muß der Rechtsweg beschritten werden. Gerichte entscheiden nur über den Anspruch auf eine Gegendarstellung, nicht über deren Wahrheitsgehalt.

4. Mittel und Medien der Öffentlichkeitsarbeit

Wenn jeden (zweiten oder dritten) Tag etwas (Positives) über Ihren Verein in der Zeitung steht, können Sie zufrieden sein. Sie haben etwas vorzuweisen und machen erfolgreiche Pressearbeit.

Sie sollten jedoch nicht selbstzufrieden werden. Ein gutes Medienecho schafft einen idealen Resonanzboden für eine erfolgreiche direkte Ansprache von Zielgruppen. Eine Initiative, die eine gute Berichterstattung hatte, ist für kurze Zeit prominent und sollte mit diesem Pfund wuchern. Berichtet die Presse ausführlich über ein interessantes neues Vereinsprojekt, sollte der Vorteil, im Gespräch zu sein, genutzt und »nachgelegt« werden.

Passive Mitglieder, die Gutes über ihren Verein in der Zeitung lesen, sind leichter zu reaktivieren, weil sie von außen – und nicht vom Vorstand – erfahren, daß sie zu einem interessanten oder wichtigen Verein gehören.

Berichte in Medien wecken Interesse und schaffen Nachfrage nach weiteren Informationen über die Vereinsarbeit. Wenn am Donnerstag in der Lokalzeitung etwas über einen Verein zu lesen war, wird sein Informationsstand am Samstag in der Fußgängerzone mehr als sonst beachtet.

Eine gute Presse (-Arbeit) erleichtert also die Öffentlichkeitsarbeit, kann sie aber nicht ersetzen. Die über eigene Mittel und Medien gesteuerte Öffentlichkeitsarbeit ist insbesondere dann sehr wichtig, wenn die Arbeit eines Vereins, die Angebote einer Initiative, die Position eines Verbands kein oder ein sehr schwaches Medienecho findet.

Diese Mittel und Medien der Öffentlichkeitsarbeit stehen auf den folgenden Seiten im Mittelpunkt: Mittel und Medien, mit denen öffentliche Aufmerksamkeit erreicht werden kann. Ich gebe Hinweise auf das Machbare. Ich verzichte auf die Darstellung, was alles möglich, aber nur mit viel Geld oder von PR-Profis zu realisieren ist. Ich knüpfe dabei an die vorangegangenen Kapitel an und konzentriere mich auf die Besonderheiten des jeweiligen Mittels bzw. Mediums. Folgende Themen habe ich bereits behandelt:

Anhörung:	S. 47	Preisverleihung:	S. 48
Aufruf:	S. 48	Protokoll:	S. 23 ff.
Brief:	S. 119 ff.	Rundbrief:	S. 23
Hot-Line:	S. 47	Veranstaltungen:	S. 45 ff.
Leserbrief:	S. 111 ff.	Wahlprüfsteine:	S. 48
Mailing:	S. 128 ff.	Wettbewerb:	S. 49

Bevor Sie sich für bestimmte Mittel und Medien entscheiden, sind vier Gesichtspunkte zu berücksichtigen:
1. Zunächst müssen die Ziele und Zielgruppe(n) bestimmt werden. Erst wenn Sie wissen, was und wen Sie erreichen wollen, läßt sich sinnvoll entscheiden, *wie* Ihnen das gelingen kann, welche Mittel und Medien geeignet sind.
2. Ihr Vorhaben sollte im Verein vermittelt und von den Mitgliedern und Mitarbeitern akzeptiert werden.
3. Folgen Sie dem Motto, lieber weniger – aber besser: Planen Sie Ihre finanziellen und personellen Möglichkeiten realistisch ein. Eine kleine Aktion, bei der alles stimmt, ist besser als ein großes Ereignis mit vielen Schwachstellen.
4. Kontinuität ist entscheidend für den Erfolg von Öffentlichkeitsarbeit. Mit einem großem Paukenschlag erreichen Sie allenfalls kurzfristig Aufmerksamkeit, aber keine langfristige Wirkung. Sporadische Kraftakte verpuffen sehr schnell und im Verein sinkt die Bereitschaft, überhaupt Öffentlichkeitsarbeit zu machen.

Anzeigen

Mit Anzeigen können rasch viele Menschen erreicht werden. Etwas anzeigen können Sie in Tages- und Wochenzeitungen, Fachzeitschriften und Schülerzeitungen, in Anzeigenblättern, Telefonbüchern, Stadtplänen, Ausstellungskatalogen, Programmheften und auf Eintrittskarten – zum Beispiel. Wo man Anzeigen schaltet, hängt davon ab,
• was mitgeteilt und
• wer erreicht werden soll – und natürlich vom Geld.

Ist ein Verein knapp bei Kasse, sollte er Anzeigen in den Medien schalten, mit denen die jeweiligen Zielgruppen preisgünstig erreicht werden können. Ein Beispiel mit erfundenen Zahlen: Sie wollen Jugendliche zwischen 16 und 21 Jahren mit einer Anzeige (200 mm hoch und 2 Spalten breit) ansprechen und haben die Wahl zwischen der Lokalzeitung und einem Stadtmagazin. In der Lokalzeitung, Auflage 50.000, kostet die Anzeige 2500 DM, im Stadtmagazin, Auflage 10.000 Exemplare, 1000 DM.
Bei der Lokalzeitung zahlen Sie demnach für jeden Leser 5 Pfennig, beim Stadtmagazin 10 Pfennig.[1] Berücksichtigt man das Profil der Leserinnen und Leser, ergibt sich ein anderes Bild: Das Stadtmagazin wird zu 90% von Jugendlichen zwischen 16 und 21 gelesen, die Lokalzeitung nur zu 30%. Mit dem Stadtmagazin erreichen Sie also 9000, mit der Lokalzeitung 15.000 Angehörige der Altersgruppe, die Sie ansprechen wollen. Das ergibt folgende »Kontaktpreise«: Stadtmagazin 11 Pfennig pro Jugendlichem, Lokalzeitung fast 17 Pfennig.
Zwar lesen mehr Jugendliche die Lokalzeitung als das Stadt-

---

1 Nicht jede Leserin und jeder Leser beachtet eine Anzeige. Zwischen 30 und 50% aller Anzeigen werden nicht gelesen.

magazin, aber der Streuverlust ist bei der Zeitung hoch: Sie müssen einen Anzeigenpreis bezahlen, der auf 50.000 Leserinnen und Lesern beruht, um 15.000 Jugendliche zu erreichen.

Wenn Sie nicht auf Mark und Pfennig achten müssen, sollten Sie Ihre Anzeige in der Lokalzeitung schalten, denn Sie erreichen mehr Jugendliche. Hat Ihr Verein wenig Geld, ist das Stadtmagazin die bessere Wahl, weil Sie pro Jugendlichem weniger zahlen müssen.

Entscheidend ist also nicht nur die Auflage. Wichtig ist auch, wer die Zeitung oder Zeitschrift liest (und welchen Ruf der Werbeträger hat). Lassen Sie sich deshalb, sofern Sie zwischen mehreren Medien wählen können, deren Media-Daten kommen, die Aufschluß über Alter, Geschlecht, Beruf usw. der Leserinnen und Leser geben.

Anzeigen in Tageszeitungen sind teuer. Im Textteil kosten sie mehr als im Anzeigenteil. Anzeigen »unter Text« fallen eher auf, weil sie nicht wie im Anzeigenteil – der häufig ein Anzeigen»friedhof« ist – mit vielen anderen konkurrieren müssen. Deshalb sollten Sie abwägen, ob eine kleinere Anzeige im redaktionellen Teil nicht mehr auffällt als eine größere im Anzeigenteil.

Und weil Anzeigen teuer sind, sollten Sie die Anzeigenpreisliste aufmerksam lesen. Die meisten Zeitungen bieten für bestimmte Rubriken Sonderpreise an. Bei größeren Zeitungen können Anzeigen in Regionalausgaben geschaltet werden. Alle Zeitungen geben – unabhängig von der Anzeigengröße – Rabatte für drei und mehr Schaltungen (Wiederbelegungsrabatt). Für die Belegung einer bestimmten Millimeterzahl im Jahr wird ein Mengenrabatt eingeräumt. Anzeigenpreise werden wie folgt berechnet: Zahl der Spalten x Höhe in Millimeter x Grundpreis pro Millimeter. Eine zweispaltige Anzeige, die 60 mm hoch ist, kostet demnach bei einem Grundpreis von 5 DM: $2 \times 60 \times 5 = 600$ DM (plus Mehrwertsteuer).

Anzeigen sind teuer. Deshalb meinen viele, in einer Anzeige müsse so viel wie möglich untergebracht werden. Doch diese Schlußfolgerung führt in die falsche Richtung. Anzeigen mit sehr viel Text werden vielleicht – als auffällige Bleiwüste – wahrgenommen, aber nicht gelesen. Wer es sich leisten kann, *Daimler-Benz* und die Bundeswehr zum Beispiel, schalten große Anzeigen und sind sehr zurückhaltend mit Text. Solche Anzeigen fallen auf. Vereine haben kein Benz-Budget. Deshalb müssen sie versuchen, mit kleineren Anzeigen und bescheidenen Mitteln auf sich aufmerksam zu machen. Und das heißt in erster Linie: Überschrift (Slogan) und Text müssen stimmen.[2]
Die Überschrift muß Interesse wecken, die Leserinnen und Leser zum »Anhalten« veranlassen. Das können Sie zum Beispiel erreichen mit Zitaten, Testimonials und Sprichwörtern.
Zitate: Sie habe freie Wahl am »Prominenten-Buffet«. Sie können Einstein oder den Kanzler, Berti Vogts oder Woody Allen zitieren – nur originell muß die Äußerung sein und in einem Zusammenhang zum Anzeigentext stehen. Das Zitat kann die Aussage Ihres Textes pointiert zusammenfassen, oder der Text kontrastiert das Zitat auf gelungene Weise.
Testimonials: Manfred Krug bekennt sich in Anzeigen zu einem Aquavit, Charles Bukowski zu einem Sessel, und Steffie Graf zu Nudeln, Kleinwagen und anderem mehr. Wenn Herr Krug in der Anzeige für einen Aquavit meint, »Man gönnt sich ja sonst nichts«, dann nennt man das in der Werbebranche Testimonial. Nicht nur Prominente legen in Anzeigen »Zeugnis zugunsten eine Sache« ab. In Anzeigen und auf großen Plakaten bekennt eine unbekannte junge Frau: »Ich rauche gerne«. Wenn Sie mit Anzeigen für die Leistungen bzw. das Angebot

---

2 Die »klassischen« Elemente einer Anzeige sind Überschrift, Bild, Text und »Absender« (sowie Abbinder). Da Vereine meist Anzeigen ohne Bilder schalten, konzentriere ich mich auf Slogan, Text und den »Absender«. Auf den Abbinder gehe ich auf Seite 212 ein.

Ihres Vereins werben, kann die Aussage eines »normalen« Bürgers, der Ihre Leistungen schätzt, eine gute Überschrift sein. Sie können zum Beispiel Anleihen bei *Ford* machen: »Die tun was für mich«, bei der *Postbank*: »Schließlich ist es meine Gesundheit« oder bei der *LBS*: »Die geben meinem Alter ein Zuhause«.

Sprichwörter: »Bei Geld fängt die Freundschaft an«, ist eine gelungene Verfremdung, die ein Autohändler als Überschrift für eine Anzeige wählte. Die Umkehrung des Sprichworts macht stutzig, und deshalb ist die Überschrift ein guter »Stopper«. Es lohnt, das eigene Sprichwort-Repertoire zu durchforsten, wenn eine Überschrift für eine Anzeige gefunden werden muß.

Fasse Dich kurz, ist die Maxime für Anzeigentexte, die nur um zwei Hinweise ergänzt werden muß: Text und Überschrift müssen in einem Zusammenhang stehen. Der Text greift die Aussage der Überschrift auf und setzt den Gedanken fort oder gibt ihm eine gegenteilige Wendung. Der Text sollte in klar erkennbare Absätze gegliedert sein.

Die Zeitung von heute ist das Altpapier von morgen. Der Kontakt mit den Leserinnen und Lesern ist kurz. Deshalb sollten Sie stets prüfen, ob mit gezielter Pressearbeit die Kosten für Anzeigen gespart werden können. Und versuchen Sie, Freianzeigen unterzubringen. Das sind Anzeigen, mit denen »Löcher« im redaktionellen und vor allem im Anzeigenteil gestopft werden. Gestalten Sie einige Anzeigenvorlagen in unterschiedlichen Größen und schicken sie an die Redaktionen der Zeitungen in Ihrer Region. Informieren Sie In einem Begleitschreiben über die gemeinnützigen Ziele Ihres Vereins. Sie haben keinen Einfluß auf die Plazierung solcher »Füllanzeigen«, die vielleicht zwischen Reise- oder Autoanzeigen erscheinen. Aber dafür sind sie kostenlos.

Wenn Sie eine Anzeige schalten, sollten Sie die folgenden Hinweise beachten:

1. Verstecken Sie Ihren Verein nicht: Das Logo sollte nicht zu übersehen sein: Der Absender muß ins Auge springen.

2. Verändern Sie Ihr Logo nicht: Ihr Markenzeichen muß stimmen. Achten Sie bei Verkleinerungen darauf, daß sich die Proportionen nicht verändern.

3. Bleiben Sie »sauber«: Die Qualität der Anzeigenvorlagen, vor allem der Bilder, muß den Anforderungen genügen, die in der Anzeigenpreisliste aufgeführt sind.

4. Gestalten Sie keine Todesanzeigen: Ziehen Sie schwarze Ränder nur um Traueranzeigen.

5. Achten Sie auf die Zeichensetzung und Rechtschreibung: Wenn Sie eine Zeitungsanzeige vom Verlag gestalten lassen, verlangen Sie einen Korrekturabzug.

6. Vermeiden Sie Bürokratendeutsch und Fachjargon: Der Text muß verständlich und ansprechend sein.

7. Sorgen Sie für Übereinstimmung zwischen Text und Gestaltung: Ein steifes Gruppenfoto widerspricht zum Beispiel der Überschrift »Wir packen's an«. Und wenn mit »Wir packen's an« Dynamik signalisiert werden soll, darf keine altmodische oder verspielte Schrift gewählt werden.

Stellenanzeigen sind auch PR. Stellenanzeigen sind – gelungene oder mißlungene – Selbstdarstellungen, die nicht nur von Stellensuchenden gelesen werden. Ein Verein, der bei Stellenanzeigen auf jede Mark schaut, findet nicht nur keine qualifizierten Mitarbeiterinnen und Mitarbeiter – er verschenkt auch die Chance der Selbstdarstellung.[3] In jede Stellenanzeige ge-

---

3 Lächerlich macht sich ein Verein, der in einer Kleinanzeige ein Allroundtalent sucht: Spitzenkräfte lesen keine Kleinanzeigen; die Größe einer Stellenanzeige muß in einer vernünftigen Relation zum Gehalt stehen.

hört mindestens ein Satz über Ziel, Zweck und Arbeitsweise des Vereins. Die Anforderungen an die gesuchte Arbeitskraft müssen präzise, realistisch und verständlich formuliert sein. Und der Hinweis sollte nicht fehlen, warum eine neue Mitarbeiterin oder ein neuer Mitarbeiter gesucht wird (»Wir wachsen«, »Wir haben viel zu tun – packen Sie mit an!«).

A & B: Aufkleber und Button

Aufkleber und Button waren bis in die achtziger Jahre beliebte Medien, um sich gegen Atomkraft oder für Frieden auszusprechen. Heute sind sie ein wenig aus der Mode. Buttons sind kleinen Ansteckern (Pins) ohne Text gewichen, die auf Form und Farbe setzen. Aufkleber sind in Verruf gekommen, weil mit ihrer Kommerzialisierung immer mehr dumme Sprüche statt pfiffiger Kommentare produziert wurden. Zudem wuchs die Einsicht, daß es ein Widerspruch ist, mit einem Aufkleber auf dem Auto gegen Umweltverschmutzung zu protestieren. Die billigen »Spuckis« schließlich, kleine Papieraufkleber, die man selbst anfeuchten muß, sind fast völlig verschwunden. Jacques Chiracs Atombombentests lösten 1995 noch einmal eine kleine Spucki- und Aufkleberwelle aus (und der Aufkleber mit dem Tucholsky-Zitat »Soldaten sind Mörder« ist inzwischen berühmt).

Aufkleber sind schneller produziert als unter die Menschen gebracht. Vor ihrer Produktion ist daher zu fragen, wo sollen sie geklebt werden? Fällt Ihnen außer dem Auto nichts ein, lassen Sie es lieber sein. Manche Vereine kleben Aufkleber auf Briefumschläge. Billiger ist es, Umschläge mit einem Motiv oder Motto zu bedrucken.

Lassen Sie Aufkleber auf Papier oder Polyolefin-Folie drucken, die kein PVC enthält. 500 Stück sollten es schon sein, sonst wird der einzelne Aufkleber zu teuer. Ein zweifarbiger Aufkleber von 10 cm Durchmesser kostet bei einer Auflage von 500 rund 1,10 DM (ab 1000 etwa 0,80 DM). Spuckis sind entschieden billiger – und können leicht selbst hergestellt werden. Ein farbiger DIN-A-4-Bogen Spuckipapier kostet keine 20 Pfennig.

Vor der Produktion eines Buttons sollten Sie abschätzen, ob ihn mehr Menschen als nur die Vereinsmitglieder anstecken. Ab 500 Stück kostet das Stück bei zwei Farben ca. 1,20 DM (ab 1000 rund 0,75 DM). Üblich sind Durchmesser zwischen 25 und 55 mm.

Flyer – Flugblatt

Flyer ist ein Hilfsbegriff. Es gibt kein treffendes deutsches Wort für ein elementares Medium der Öffentlichkeitsarbeit: das DIN-A-4-Blatt. *Handzettel* klingt nach Reklame, und mit *Flugblatt* verbinden viele einen bestimmten Inhalt, politische Texte.

Ein DIN-A-4-Blatt, ein- oder beidseitig bedruckt, kann für unterschiedliche Informationen genutzt und schnell in großer Zahl produziert werden. Flyer kosten nicht viel und sind daher besonders geeignet, viele Menschen mit authentischen Informationen zu erreichen. Mit diesem Medium kann zum einen aktuell informiert werden. Zum anderen können Informationen für unterschiedliche Anlässe zielgruppenbezogen aufbereitet werden – von der wechselnden Kurzversion einer Selbstdarstellung bis zu Auszügen aus einem neuen Beratungs- oder Kursangebot. Kürzer und allgemeiner formuliert: Mit einem guten Flyer kann ohne hohe Kosten informiert und auf ein Angebot oder eine Veranstaltung neugierig gemacht werden.[4]

---

4 Flyer können schneller und billiger hergestellt werden, wenn man Vordrucke mit dem (farbigem) Logo und anderen wiederkehren-

Damit ein Flyer werbend wirken und neugierig machen kann, sollte er großzügig gestaltet werden – aber nicht zu aufwendig. Wie bei Mailings ist es wichtig, in der Aufmachung und Gestaltung jede Nähe zu kommerzieller Werbung zu vermeiden: Wenn die potentiellen Leserinnen und Leser den Eindruck haben, ein Flyer sei ein Reklame-Handzettel, sinkt die Bereitschaft, ihn zu nehmen bzw. zu lesen.[5]

Bescheidenheit in der Form meint allerdings nicht, möglichst viel Text unterzubringen. Versuchen Sie nicht, auf einem DIN-A4-Blatt die Welt zu erklären. Flyer sollten großzügig gestaltet sein. Wenn Sie so viel schreiben, daß Ihr Flyer zur Bleiwüste wird, haben Sie entweder das falsche Medium gewählt oder sich nicht auf das Wesentliche konzentriert. Gerade weil Flyer zur Konzentration auf das Wesentliche zwingen, sind sie ein sinnvolles Medium: Man kann eben nicht die gesamte (langweilige) Vereinsgeschichte unterbringen oder jedes Problem in den großen (abschreckend theoretischen) Zusammenhang stellen.[6]

Die »Abnehmer« müssen schnell erkennen können, worum es geht. Damit sie das können und neugierig werden, empfehle ich folgende Gestaltungsrichtlinie für Flyer, bei denen beide Seiten genutzt werden: Auf der Vorderseite stehen ein Blickfang und der Einstieg, auf der Rückseite alle notwendigen Informationen. Auf der ersten Seite muß deutlich werden, worum es geht. Ist dies nicht rasch zu erkennen, besteht die Gefahr, daß der Flyer nicht genommen oder nicht gelesen

---

den Elementen in hoher Auflage drucken läßt, so daß bei Bedarf nur noch (einfarbige) Eindrucke erforderlich sind.

5 Das belegt eine empirische Untersuchung von Lutz Goertz: Reaktionen auf Medienkontakte. Opladen 1992.

6 Mit einem DIN-A5-Blatt sind die Kriterien großzügig und informativ nicht zu realisieren. Zudem ist dieses Format von Billiganbietern »belegt«.

wird. Es kommt also darauf an, mit wenigen Elementen für das Thema Interesse zu wecken. Zu diesen Aufmerksamkeitswekkern gehören neben der Überschrift (und – wenn möglich und passend – einem Bild) ein kurzer Einstieg oder eine Reihe (provozierender) Fragen. Die zentralen Begriffe des Einstiegs oder Fragenkatalogs sollten auf der Rückseite aufgegriffen und ausgeführt werden.

Zu den *Pflicht*bestandteilen eines Flyers gehören das Vereinslogo und ein Impressum (vgl. S. 242). Das Logo sollte in der jeweils gültigen Form stets an der gleichen Stelle (zum Beispiel: rechts unten) stehen. Ändern Sie kein Element Ihres CD. Wenn zum Beispiel der Name Ihres Vereins in Großbuchstaben geschrieben wird, halten Sie sich daran. Wenn Sie sich einmal für eine bestimmte Farbe entschieden haben, bleiben Sie dabei (und verändern Sie auch nicht den Farbton).

Zur *Kür* gehören ein »Abbinder« und eine Kommunikationsaufforderung – schlichter: ein Coupon, der die Leserinnen und Leser ermuntert, weitere Informationen anzufordern, Mitglied zu werden usw. Das folgende Muster enthält Textbausteine für einen »Infoscheck« oder wie immer Sie einen solchen Coupon nennen wollen. Wählen Sie einige für Ihren Bedarf aus, packen Sie aber nicht so viel Text in einen Coupon wie in diesem Beispiel.

Diesen Abschnitt bitte ausschneiden und einsenden an:
ABC e.V., XYZ Straße 1, 98765 Ort
Oder kopieren und faxen an: (01234) 56789
[ ] Ich möchte weitere Informationen
[ ] Ich interessiere mich besonders für:

_____

_____

[ ] Laden Sie mich bitte zu Ihrer nächsten Veranstaltung ein
[ ] Halten Sie mich über Ihre Arbeit auf dem laufenden
[ ] Ich möchte Mitglied werden
[ ] Ich habe erst einmal   DM auf Ihr Konto 1234567
bei der ABC Bank [BLZ 987654] überwiesen. Bitte senden
Sie mir eine Spendenquittung.
Name:
Straße:
PLZ: Ort:

Ein »Abbinder« ist ein Slogan oder ein Motto:
• ein Slogan, der die Aussagen des Flyers auf den Punkt bringt
(»Helfen statt ausgrenzen«),
• ein Motto, das entweder über die Ziele bzw. das Selbstverständnis des Vereins informiert (»Nicht die Erbsenzähler,
Schlingel verändern die Welt«), oder Titel einer Kampagne ist
(»Kleine Kinder brauchen große Hoffnung«)

Für den Text eines Flyers gilt, was ich im zweiten Kapitel über
Berichte und Kommentare geschrieben habe: das Wichtigste
an den Anfang, schnell zur Sache kommen, informieren bzw.
argumentieren statt schwadronieren und lamentieren. Ihre
»Botschaft« muß klar sein.
Beim Schreiben *politischer* Texte für ein Flugblatt sollte eine
Reihe weiterer Hinweise beachtet werden. Ein Flugblatt als
Mittel der politischen Auseinandersetzung muß drei Standards
erfüllen:

1. die Informationen müssen stimmen,
2. es muß rational argumentiert werden,
3. Schlußfolgerungen oder Forderungen müssen nachvollziehbar sein.

Zum letzten Punkt: *Nachvollziehbar* heißt nicht, daß die Leserinnen und Leser eine Schlußfolgerung bzw. Forderung *akzeptieren*. *Nachvollziehbar* meint vielmehr: Die Leser *verstehen*, aufgrund welcher Argumente ein bestimmter Schluß gezogen oder eine Forderung gestellt wurde. Für die Reputation jeder Organisation ist es wichtig, daß ihre Meinung ernstgenommen wird. Eine klare und rationale Argumentation ist hierfür eine Voraussetzung. Gehen Sie immer davon aus, daß die Leserinnen und Leser denken können. Ein Text, der versucht, ihnen das Denken abzunehmen oder vorzuschreiben, stößt meist auf Ablehnung.

Häufen sich Superlative in einem Text, ist das ein untrügliches Zeichen dafür, daß die Schreiberin oder der Schreiber den eigenen Schilderungen bzw. Argumenten nicht traut und deshalb besonders dick aufträgt. Superlative erzielen häufig einen anderen als den gewünschten Effekt. Nehmen wir zum Beispiel an, die Bundesregierung hat eine Entscheidung getroffen, die für Arbeitslose mit zahlreichen Nachteilen verbunden ist. Dann müssen diese Entscheidung und die Folgen präzise beschrieben werden. Macht diese Beschreibung deutlich, daß die Entscheidung den Betroffenen schadet, muß dem nichts hinzugefügt werden. Verdeutlicht die Beschreibung das nicht, dann ist entweder die Entscheidung nicht so gravierend oder die Beschreibung schlecht – und muß überarbeitet werden. Schlechte Schilderungen, »garniert« mit Formulierungen wie

• »aufs brutalste« (das soziale Netz zerschnitten),
• »in skandalöser Weise« (Leistungen gekürzt),
• »aufs dramatischste« (die Situation der Aids-Kranken verschlechtert),

213

überzeugen nicht, sondern machen den gesamten Text unglaubwürdig.

Empörung über ein Ereignis oder eine Entscheidung ist ein guter Grund, ein Flugblatt zu schreiben. Empörung ergibt allerdings noch keinen vernünftigen Text. Um anderen die eigene Empörung verständlich zu machen, muß man beim Schreiben einen kühlen Kopf bewahren. So erzielt der »Katastrophismus« in der Regel nicht die gewünschte Wirkung. Wer Menschen zu etwas bewegen will, sollte sich davor hüten, Untergangsstimmung zu verbreiten. Wenn es wirklich schon »5 vor 12« ist, wenn tatsächlich aller immer schlimmer wird, wenn der Untergang (des Ökosystems oder Sozialstaats) unmittelbar bevorsteht – dann mache ich mir lieber noch ein paar schöne Tage statt mich zu engagieren, dann gehe ich nicht zu einer Demonstration, sondern fahre noch mal in die Berge, dann unterschreibe ich keine Protestresolution, sondern ungedeckte Schecks.

Flugblätter werden für *andere* geschrieben; sie sollten daher an
- den Informationsstand,
- den Erfahrungshorizont und
- das Sprachempfinden

potentieller Leserinnen und Leser anknüpfen. Nicht alle wissen, was das *Subsidiaritäts*-Prinzip ist, was *nachhaltige Entwicklung* meint und sich hinter *Pflege-Ombudsleuten* verbirgt. Es mag ein gutes Gefühl vermitteln, das *Patriarchat* anzuklagen. Nur können sich viele Menschen unter *patriarachalischer Herrschaft* nichts vorstellen. Wenn ein Flugblatt jemanden erreichen soll, muß der Text den Wissensstand, den Erfahrungshorizont und die Alltagssprache der Menschen berücksichtigen, die er anspricht. Sonst dient er lediglich der geistigen Selbstbefriedigung.

214

Die folgende Gegenüberstellung verdeutlicht diesen Unterschied. In der linken Spalte steht der Beginn eines Textes für ein Flugblatt, den ich mit der Bitte um Überarbeitung bekam. Rechts steht mein Versuch, aus dieser Vorlage einen Text zu machen, der die Voraussetzungen nicht feministisch vorgebildeter Leserinnen und Leser berücksichtigt.[7]

Nach Auffassung des Ausschusses für die Rechte der Frau ist die Europäische Union seit den 70er Jahren in »allen Mitgliedsstaaten die Triebkraft für eine Verbesserung der beruflichen Situation der Frau«. Es stellt sich die Frage, wie haben sich diese Initiativen auf die Rechte der Frauen ausgewirkt und wie sind sie weiterentwickelt worden?

Die geschlechtshierarchische Spaltung des Arbeitsmarktes bleibt
Die Einkommensdifferenz von 20 – 30 % zwischen Frauen und Männern hat sich trotz aller abstrakten Prinzipien der Lohngleichheit nicht verringert. Auch bei insgesamt besserer Ausbildung bleiben sie insgesamt auf weniger honorierten Arbeitsplätzen. Mit der Kon-

Die Frauenpolitik in der Europäischen Union kommt nicht von der Stelle. Kommissionen und Ausschüsse tagen und tagen. In regelmäßigen Abständen bescheinigen sie sich eine erfolgreiche Arbeit. So behauptet etwa der Ausschuß für die Rechte der Frau, die EG sei schon seit den 70er Jahren die Triebkraft für die Verbesserung der beruflichen Situation von Frauen. Doch stimmen Selbstlob und Wirklichkeit überein?

Noch immer verdienen Frauen 20 – 30 % weniger als Männer. Und das für gleiche Arbeit. Noch immer wird Frauen der berufliche Aufstieg schwergemacht. Und das, obwohl sie zunehmend besser ausgebildet sind. Noch immer sind 70 bis 90 % all derjenigen, die in ungeschützten Beschäftigungs-

---

7 Ich verwende hierbei die rhetorische Figur der Wiederholung, um einen gesellschaftlichen Mißstand zu betonen. Solche Stilelemente sind Geschmacksache. Mir ist bei dieser Gegenüberstellung vor allem die Nähe bzw. Ferne zur Alltagssprache wichtig.

zentration von Frauen auf Teil-
zeitarbeit (Anteil 90 %) und
ungeschützte Beschäftigungs-
verhältnisse (Anteil 70 – 90 %)
hat sich die Arbeitsmarktspal-
tung eher noch verschärft.

**Frauenerwerbslosigkeit hat
drastisch zugenommen**
Die Ursachen liegen darin, daß
Frauen generell, aber auch als
Un- und Angelernte und als
ungeschützt Beschäftigte und
Nebenverdienerinnen als erste
entlassen werden. Bedenklich
stimmt die hohe Zahl jugendlicher Erwerbsloser, von der
$\frac{2}{3}$ Mädchen sind.

verhältnissen arbeiten, Frauen.
Noch immer werden Frauen als
erste entlassen – Tendenz steigend! Das bedeutet zum Beispiel: Zwei Drittel aller er-
werbslosen Jugendlichen sind
junge Frauen.

Folder – Faltblatt

Die *Selbstdarstellung* eines Vereins ist über den Tag hinaus
aktuell. *Hintergrundinformationen,* zum Beispiel über den Ba-
nanenhandel, heben Interessierte auf. Das *Programm* einer
Veranstaltung soll im voraus informieren und während der
Veranstaltung über den Ablauf orientieren. Für Informationen,
die einige Zeit aufbewahrt werden sollen, empfehle ich ein
Medium mit einem handlichen Format: das Faltblatt.
Ein Faltblatt ist kein Ex-und-hopp-Produkt. Deshalb muß für
Druck und Gestaltung mehr investiert werden als bei einem
Flyer. Das Falzen kostet Geld. Und für ein Medium mit län-
gerer Lebensdauer sollte ein besseres (stärkeres) Papier ver-
wendet werden, das teurer ist.

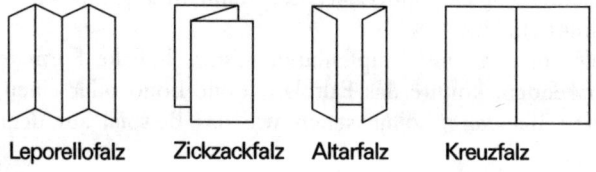

Leporellofalz   Zickzackfalz   Altarfalz   Kreuzfalz

Wenn Sie ein Faltblatt herausgeben wollen, sollten Sie die
Besonderheit des Mediums auch wirklich nutzen und darauf
achten, daß Text und Gestaltung korrespondieren. Deshalb
muß als erstes geklärt werden, welche Themen angesprochen
bzw. welche Schwerpunkte gesetzt werden sollen. Davon
hängt die Wahl der Falztechnik ab. Ist diese Entscheidung
getroffen, müssen die Themen auf die einzelnen Seiten verteilt
und der Textumfang der Seitenzahl angepaßt werden.
Ein Beispiel: Ein Verein will eine Selbstdarstellung herausgeben, in der folgende Themen behandelt werden sollen:

217

1. Ziele des Vereins,
2. Angebote, die sich an alle Interessierten richten,
3. Angebote für bestimme Zielgruppen,
4. Mitarbeiterinnen und Mitarbeiter des Vereins.

Hier bietet sich ein Leporellofalz an. Auf der ersten Seite steht ein Blickfang, der Vereinsname und das Logo. Auf der Seite 2 werden die Leserinnen und Leser angesprochen. Je eine Seite informiert über die Ziele des Vereins, seine allgemeinen und zielgruppenbezogenen Angebote. Auf einer weiteren Seite stellen sich die Mitarbeiterinnen und Mitarbeiter vor. Plant man eine weitere Seite für ein Foto ein und eine für eine Kommunikationsaufforderung (vgl. S. 212) und das Impressum, hat man ein achtseitiges Faltblatt.

Das Format hängt davon ob, wieviel Informationen Sie unterbringen wollen. Standardformate sind kostengünstig, da das gesamte Papier genutzt werden kann und somit kein Verschnitt anfällt.

Folgt man meiner Empfehlung, ungewöhnliche Formate zu verwenden, könnte das Faltblatt (ohne Logo oder einen anderen Blickfang) so aussehen wie das Beispiel auf der Seite 220.[8]

Die Gestaltung eines Faltblattes ist weder Beiwerk noch Dekoration, sondern soll die Aussagen unterstützen, den Inhalt unterstreichen. Gestalten Sie Faltblätter großzügig. Planen Sie für Bilder, (Zwischen-) Überschriften und andere Gestaltungselemente ein Drittel des zur Verfügung stehenden Platzes ein. Ihr Layout sollte klar und übersichtlich sein. Vermeiden Sie

• »Wimmelbilder«: lieber ein großes Foto statt drei kleine,
• große Überschriften: Das Verhältnis von Überschrift und Text muß stimmen,

---

8 Dieses Format hat seinen Preis: Es fallen Kosten für das Schneiden an.

- lange Überschriften: Formulieren Sie einzeilige Überschriften,
- lange Absätze: Gliedern Sie nach Sinneinheiten,
- einen häufigen Wechsel der Schrifttypen und -größen: Sie kommen mit zwei Schriften (eine für die Überschriften und eine für den »Fließtext«) und drei Größen (Überschrift, Zwischenüberschriften, Text) aus,
- unterschiedliche Hervorhebungen: Entscheiden Sie sich für **fett**, *kursiv* oder <u>unterstrichen</u>.

Über die Wirkung von Farben wird viel spekuliert. Mal gilt blau als *kühl*, mal als *traditionell*; manche bezeichnen grün als *frisch*, andere als *beruhigend*. Ich halte nichts von verbindlichen »Farbvorschriften«. Farben wirken nicht auf alle Menschen gleich; zudem unterliegt die Wahrnehmung von Farben Moden und Stimmungen. Ich empfehle:

- leisten Sie sich, wenn möglich, mindestens eine Zusatzfarbe[9];
- veranstalten Sie keine Farb»orgien«, setzen Sie Farben sparsam ein. Verwenden Sie, zum Beispiel, eine zweite Farbe nur für die Überschriften oder um Zusatzinformationen in einem Kasten farbig zu unterlegen;
- verzichten Sie auf schwarze Ränder (sie erinnern an Todesanzeigen).

Wie immer Ihre Farbwahl ausfallen mag: Die Lesbarkeit eines Textes darf nicht beeinträchtigt werden.

---

9 Sie müssen übrigens nicht schwarz als Grundfarbe nehmen. Sie können zum Beispiel auch blau oder grün verwenden (und mit einer weiteren Farbe kombinieren).

Seite 7
(Rückseite:
Bild)

Unser Angebot 1

Unser Team

Unsere Idee

Seite 5
(Rückseite:
Unser
Angebot 2)

Seite 3
(Rückseite:
Kontakt-
impuls und
Impressum)

Institut
für
Lebensmut

Seite 1
(Rückseite:
Einführung)

*Man muß nicht die Welt neu erfinden,
sondern etwas aus ihr machen*

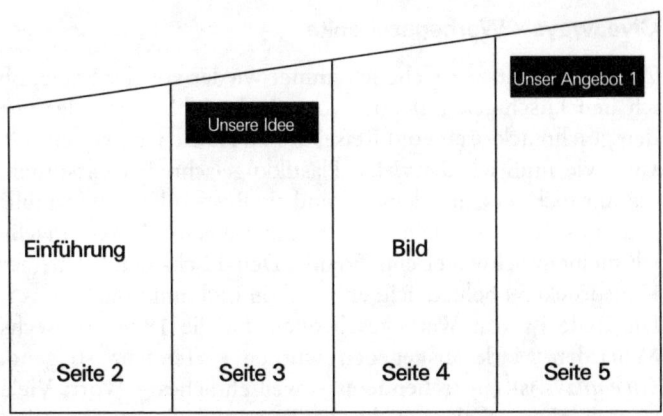

Innenseiten ausgefaltet

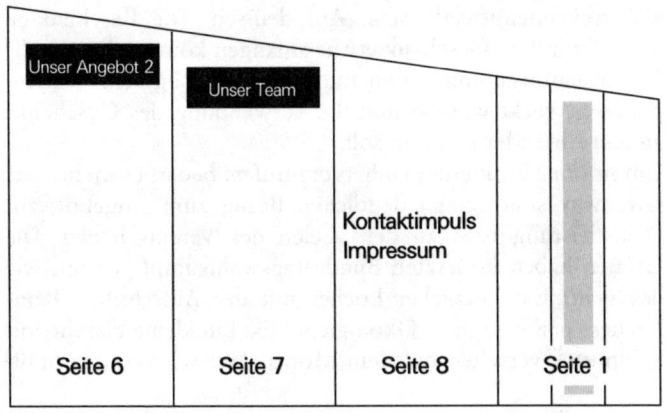

Außenseiten ausgefaltet

Giveaways – Werbegeschenke

Zur Weihnachtszeit stehe ich immer wieder vor der Frage, ob ich den kitschigen Kalender vom Bäcker ablehnen oder wie den geschmacklosen vom Reisebüro zu Hause wegwerfen soll. Und wie muß ich die vielen Plastikkugelschreiber entsorgen, die mir nicht erspart bleiben? Sind sie Rest- oder Sondermüll? Mit der »Weihnachtsleberwurst« vom meinem Metzger mache ich meinem Schwager eine Freude. Den Tischkalender meiner Hausdruckerei behalte ich; er ist schön und funktional.

Die Rede ist von Werbegeschenken, für die 1994 fast sechs Milliarden Mark ausgegeben wurden – Tendenz steigend. *Giveaways* ist ein treffenderes – weil ehrliches – Wort: Viele »Geschenke« erhalten nicht die Freundschaft, sondern sind eine Zumutung.

Der beste Müll ist der, der gar nicht erst entsteht – diese Maxime empfehle ich für den Umgang mit Werbegeschenken. Die »unentgeltlichen Zuwendungen zu Werbezwecken«, wie Juristen und Steuerberaterinnen so schön formulieren, sollten »Wertreklamemittel«[10] sein. Auf deutsch: Die Beschenkten sollten mit dem Geschenk etwas anfangen können. Das ist die Mindestanforderung, wenn mit einem Werbegeschenk Sympathie geweckt werden und die Verwendung des Geschenks an den Absender erinnern soll.

Um *positive* Erinnerungen hervorzurufen, bedarf es mehr: Das Giveaway sollte einen deutlichen Bezug zum Angebot, zur Dienstleistung bzw. zu den Zielen des Vereins haben. Die Grünen haben im letzten Bundestagswahlkampf gezeigt, wie das geht: Ein nützlicher Locher mit der Aufschrift »Ozon-Locher« paßte zu ihrer Ökologiepolitik. Ein kleine Flasche mit Spülmittel, versehen mit dem Motto »Wir wecken den Spül-

---

10 Michael Lehmann: Die Werbung mit Geschenken. Köln 1974, S. 6.

trieb im Mann«, unterstrich ihre Frauenpolitik. Und auf einem Streicholzheftchen stand: »Immer eine zündende Idee«.

*Werbe*geschenke ohne Gebrauchswert oder ein Minimum an Pfiff verfehlen den Werbe*effekt*. Deshalb finde ich folgenden »Härtetest« nützlich:

- Ist das Geschenk wirklich zu gebrauchen?
- Würden *Sie* das Geschenk behalten: Was du nicht willst, das man dir tu', das füg' auch keinem andern zu.
- Läßt sich das Giveaway auch verkaufen? Und wer würde es kaufen?
- Bringt das Geschenk die Besonderheit des Vereins zum Ausdruck?

Nur wenn diese Fragen mit einem Ja beantwortet werden können, lohnen weitere Überlegungen:

- Weniger ist oft mehr: Verschenken Sie gezielt sinnvolle Giveaways, statt billige Artikel breit zu streuen.
- Verschenken Sie nicht nur zur Weihnachtszeit, sondern vor allem in »geschenkarmen« Zeiten.
- Auf jedem Geschenk sollte Ihr Absender stehen.

Was darf's denn sein? Papier- und Schreibwaren, zum Beispiel ein Kugelschreiber aus Holz mit einer guten Mine. Der kostet mit Aufdruck rund DM 2,50. Oder Textilien: von der Baseballmütze bis zur Tragetasche, zum Beispiel ein T-Shirt aus 100% Baumwolle in guter Qualität (180 g/qm). Dafür müssen Sie 12 DM pro Shirt bezahlen, wenn Sie 100 Stück zweifarbig bedrucken lassen (110 g/qm ist für weniger als die Hälfte zu haben – aber Ramsch).

Vieles andere ist noch möglich, sei es für die Küche oder das Bad. Entscheidend ist, um einen Satz von Goethe leicht verändert zu wiederholen, daß ein Geschenk »Charakter hat«.[11]

---

11 Natürlich darf es für Kinder auch ein Luftballon sein (1000 Stück mit Aufdruck kosten rund 275 DM).

Neuen-Service

Nehmen wir einmal an, über Ihren Verein wurde positiv in der Presse berichtet. Und nehmen wir weiter an, Ihr Verein
1. ist im Telefonbuch ohne große Schwierigkeiten zu finden,
2. hat einen Anrufbeantworter, der auch über die regelmäßigen Öffnungszeiten informiert,
3. nimmt diese Öffnungszeiten ernst, und wenigstens ein Mitglied ist zu diesen Zeiten anzutreffen.

Dann kann es sein, daß jemand vorbeikommt und erklärt, Mitglied werden zu wollen. Und was geschieht, wenn er oder sie Mitglied geworden ist?

Dann beginnt interne Öffentlichkeitsarbeit, dann sollte jeder Verein über einen Service für Neue verfügen. Wer neu ist, sollte begrüßt, informiert und zur Mitarbeit ermuntert werden.

Das kann durch einen freundlichen Brief erfolgen, in dem über regelmäßige Termine und Treffen informiert wird und darüber, wer Ansprechpartner für welche Fragen ist. Dieser Brief sollte ergänzt werden um ein »Einsteiger-Set« mit Informationen über Grundsätze und Ziele sowie aktuelle Vorhaben und Stellungnahmen.

Wenn nicht nur alle Schaltjahre jemand in Ihren Verein eintritt, sollten Sie drei oder vier Mal im Jahr ein Neuen-Treffen veranstalten, das die Möglichkeit eröffnet, Näheres über Strukturen, Entscheidungswege und Arbeitsweisen zu erfahren und andere (neue) Mitglieder ohne Tagesordnungszwänge kennenzulernen.

Für den Neuen-Service sollte es eine Verantwortliche oder einen Verantwortlichen geben und in einer Checkliste festgehalten werden, was zu einem »Rundum-Service« für Neue gehört. Es ist sehr aufwendig, Mitglieder zu gewinnen. Mitglieder-Werbekampagnen sind sehr teuer. Machen Sie sich deshalb die Mühe, jedem neuen Mitglied den Einstieg in die

Vereinsarbeit zu erleichtern. Ein guter Neuen-Service, interne Öffentlichkeitsarbeit, zahlt sich aus.

Plakate

Plakate können unterschiedliche Funktionen erfüllen. Mit Plakaten können Sie
- informieren,
- einladen,
- zum Nachdenken anregen,
- provozieren,
- für eine Sache, um Sympathie oder Zustimmung werben.

Plakate müssen auffallen, wenn diese Ziele erreicht werden sollen; sie müssen »ins Auge springen«, einen Aufmerksamkeitswert haben. Kurz: Plakate müssen plakativ sein. Sie sind nicht das geeignete Medium, um die Welt zu erklären.

Auch flüchtige Betrachter sollten erkennen, worum es geht und wer der Absender ist. Die Botschaft muß erkennbar und leicht verständlich sein. Das ist die Regel. Ausnahmen sind möglich und eine Differenzierung notwendig.

Die Differenzierung: Die Regel gilt auch für Plakate, auf denen notwendigerweise viele Informationen untergebracht werden müssen, zum Beispiel für Plakate zu einer Veranstaltungsreihe. Auch dann gilt die Maxime: Auf einen Blick muß zu erkennen sein, worum es geht: ob es lohnt, näherzutreten und alle Informationen zu lesen.

Die Ausnahme: Die Botschaft eines Plakates muß nicht immer auf Anhieb zu verstehen sein. Wenn sie irritiert, ist das auch ein Erfolg: Die Betrachterin beschäftigt sich mit der Aussage. Das Ziel, durch einem Widerspruch oder mit einem Sprachspiel Irritation oder Nachdenken auszulösen, stellt hohe Anforderungen an die Plakatidee und -gestaltung. Denn das Risiko ist hoch, auf Unverständnis oder Ablehnung zu stoßen.

Damit Plakate auffallen, müssen sie eine bestimmte Größe haben und dort hängen, wo viele Menschen vorbeikommen. Plakate, die im Freien geklebt werden, sollten mindestens die Größe DIN A1 haben (59,4 × 84,1 cm). Nur ein kleineres Format ist noch hinreichend auffällig, weil ungewöhnlich: das halbe DIN-A1-Plakat im Hochformat. Der Druck von Groß-flächen*plakaten* ist sehr teuer[12]. Die Miete von *Großflächen,* auf denen 18 DIN-A1-Plakate untergebracht werden können, ist preisgünstig und daher für Vereine als »Aktionsfläche« geeignet (vgl. S. 48).

Soll ein Plakat überwiegend in (Volkshoch-)Schulen, Bibliotheken oder anderen öffentlichen Gebäuden, in Lokalen und Geschäften aufgehängt werden, muß ein kleineres Format gewählt werden: DIN A2 (nur zur Not DIN A3).

Plakate sollten dort hängen, wo viele Menschen vorbeikommen. Ob Sie eigene Stelltafeln einsetzen oder Werbeflächen mieten: lieber an zentralen Stellen klotzen, als in der gesamten Stadt oder Region kleckern. Wenn Sie zum Beispiel Flächen auf den nach dem Berliner Buchdrucker Litfaß benannten Säulen mieten, können Sie Teilbelegungen in bestimmten Stadtteilen, Bezirken oder Gemeinden vornehmen. Sie müssen mindestens eine Dekade (10–12 Tage) buchen. Viele Menschen benutzen Bus und (Straßen-)Bahn. In öffentlichen Verkehrsmitteln, und in Telefonhäuschen, kann mit kleinen Plakaten geworben werden.[13]

Damit Plakate ankommen, kommt es auf eine gelungene Ver-

---

12 Das gilt auch für »Citylightposter«: Plakate, die in Leuchtvitrinen an Haltestellen, Bahnhöfen oder Flughäfen hängen.

13 Wo welche *Außenwerbung* – vom Plakat über die Bandenwerbung in Sportstadien bis zur Leuchtreklame – möglich ist, was sie kostet und wer das Plakatieren übernimmt, kann im *Stamm,* dem Leitfaden durch Presse und Werbung, nachgeschlagen werden (vgl. Literaturverzeichnis).

bindung von Inhalt und Gestaltung an. Die eingesetzten Elemente – Farbe, Text, Symbole oder Bilder – müssen einander verstärken: die grafische Gestaltung die Aussage plastisch machen, der Text die visualisierte Aussage unterstreichen. Das heißt nicht, Plakate sind das Medium für Harmonie. Kontraste und Gegenüberstellungen können, wenn sie bewußt hergestellt werden, sehr wirksam sein – Kontraste zum Beispiel zwischen

- Text und Bild,
- heiler Welt und rauher Wirklichkeit,
- hellen und dunklen Farben,
- Wunsch und Wirklichkeit,
- kleinen und großen Flächen,
- Vorher und Nachher,
- Ernst und Ironie,
- Ist und Soll.

Textplakate sind weder Not- oder Billiglösungen noch die bescheidene Form eines »richtigen« Plakates. Wenn Sie nur mit Text auskommen wollen, sind die Anforderungen nicht geringer, sondern anders: Der Text muß mehr leisten, wenn er nicht durch ein Bild unterstützt wird. Und die Gestaltung und Farbgebung wird nicht einfacher, wenn auf Bildelemente verzichtet wird. Was die angemessene Lösung ist, hängt vom Ziel ab, das mit einem Plakat erreicht werden soll, und von der Plakatidee.

Unangemessen ist – wie bei jedem Druckerzeugnis – die Verwechslung von farbig und bunt. Üben Sie, dies als Regel, eher Zurückhaltung beim Einsatz von Farben. Bunte Plakate wirken häufig kitschig oder naiv. Wenn in einem bestimmten Zusammenhang Naivität positiv bewertet wird bzw. bewußt ausgedrückt werden soll, ist gegen ein buntes Plakat nichts einzuwenden.

Ist Ihr Verein knapp bei Kasse und kann sich einen Mehrfarbendruck nicht leisten, kann farbiges Papier weiterhelfen. Geld können Sie auch mit Eindruckplakaten sparen. Wenn Sie, zum Beispiel, häufig Veranstaltungen durchführen, lohnt es, ein (mehrfarbiges) Einladungsplakat in größerer Auflage zu drucken, das alle wiederkehrenden Elemente enthält (das Logo, ein Motto und die Kopfzeile »Wir laden ein«). Bei Bedarf werden in einer Farbe die aktuellen Daten eingedruckt.

Zeitung

Wenn Sie kontinuierlich über Ihre Arbeit informieren wollen, kann eine Zeitung das geeignete Medium sein. Mit *Zeitung* meine ich weder ein vorgegebenes Format noch eine bestimme Seitenzahl oder Erscheinungsweise. Mit Zeitung meine ich vielmehr eine regelmäßige, aktuelle und interessante Information, ein Medium,

- das regelmäßig erscheint, zum Beispiel alle zwei (oder drei) Monate,
- das aktuell ist, wenn es die Leserinnen und Leser erreicht,
- in dem eine Vielfalt von Themen angeboten wird[14],
- in dem in unterschiedlicher Weise informiert wird: durch Bericht, (Kurz-) Meldung, Kommentar, Interview, Glosse, Streitgespräch, Portrait, Reportage, Essay.

Eine Zeitung herauszugeben, ist mit zwei Verpflichtungen verbunden:
1. regelmäßig zu informieren und
2. für die Leserinnen und Leser zu schreiben.

---

14 Das heißt für Vereine, die sich auf einen Bereich konzentrieren: über das Arbeitsfeld – sei es Gesundheit, Verkehr oder Jugendarbeit – aus unterschiedlichen Blickwinkeln zu informieren und interessante Bezüge und Zusammenhänge herzustellen.

Mit Rechenschafts- und Kassenberichten mögen problemlos 12 Zeitungsseiten zu füllen sein. Doch Texte dieser Art ergeben nur Drucksachen – keine Zeitung.[15]

Drucksachen mit dem Namen »Zeitung« gibt es genügend. Zu dieser Kategorie gehören zum Beispiel viele Zeitungen, die von den Pressestellen der Hochschulen herausgegeben werden: Auf der Titelseite *begrüßt* der Präsident der Hochschule jemanden, auf der zweiten *eröffnet* er irgendwas, auf der Seite drei *erklärt* er dieses oder jenes und auf der vierten *gratuliert* er einer Angestellten oder einem Beamten zum 25jährigen Dienstjubiläum – und jeder Bericht ist mit einem steifen Gruppenfoto oder einem anderen langweiligen Bild versehen. Der Präsident sieht sich wahrscheinlich gerne in der Zeitung. Den Rest der Welt langweilen solche Berichte, zumal wenn auf den nächsten Seiten der Kanzler begrüßt, eröffnet, erklärt und gratuliert. Kurz und flapsig: Nicht überall, wo »Zeitung« draufsteht, ist auch Zeitung drin. Mit drögen Verlautbarungen, mit Hofberichterstattung, Reden und Beschlüssen aller Art kann viel Papier beschrieben und bedruckt werden. Eine Zeitung kommt dabei allerdings nicht heraus.

Die Bundestagsverwaltung ist in dieser Hinsicht ehrlich. Sie veröffentlicht die Reden, die im Bundestag gehalten werden, die Erklärungen des Kanzlers, Anträge und Gesetze unter dem Titel (Bundestags-)»Drucksache«. Viele Vereine und Institutionen veröffentlichen ähnlich spannende Texte und nennen sie »Zeitung«. Das schadet niemandem, nützt allerdings auch keinem.

Die Entscheidung über das Format einer Zeitung hängt von der Auflagenhöhe ab. Ein klassisches Zeitungsformat[16] ist ab

---

15 Journalistisch aufbereitet können Rechenschafts- oder Kassenberichte wichtige Themen einer Vereinszeitung sein.

16 Das kleinste Zeitungsformat ist das »Berliner« Format mit einer Größe von 470 x 315 mm.

10.000 Exemplaren sinnvoll, denn erst bei dieser Auflage ist das schnelle und preisgünstige Druckverfahren rentabel, in dem Tages- und Wochenzeitungen produziert werden: Rollenoffset.

Bei geringeren Auflagen ist ein kleineres Format preiswerter. Und ein kleineres Format hat folgende Vorteile: Auf 12 oder 16 Seiten im DIN-A4-Format können Sie zum einen viele Informationen unterbringen. Zum anderen stellt dieses Format keine unüberwindbare Hürde dar, denn die Zahl der Texte und Bilder, die Sie benötigen, ist überschaubar. Das erleichtert ein regelmäßiges Erscheinen. Zudem können Sie, falls es nicht zu teuer ist, eine Zeitung im A4-Format problemlos als Beilage zur Lokalzeitung unter die Menschen bringen.

Gestaltung

Soll eine Zeitung wie eine Zeitung aussehen, müssen Profis die Gestaltung übernehmen. Die Computerindustrie suggeriert zwar, mit einem leistungsfähigen PC und einer guten Software könne man alles machen. Die Realität ist jedoch: Viele machen sich als Desktop Publishing-Amateure unglücklich. Ich warne deshalb vor DTP-Abenteuern. Ein leistungsfähiger PC, ein guter Bildschirm, Drucker, Scanner und ein Programm, das die Arbeit unterstützt statt zur Qual zu machen, kosten viel Geld. Mit der Anschaffung einer halbwegs professionellen Ausstattung stellt sich nicht automatisch das erforderliche Know-how ein. Und die Handbücher für Grafikprogramme schrecken nicht nur durch ihren Umfang ab.

Investieren Sie Ihre Zeit und Kraft in die redaktionelle Arbeit. Sorgen Sie für interessante Themen und gute Beiträge; das schont Ihre Nerven. Und liefern Sie Gestaltungsprofis gute Vorlagen; das spart Geld.

Wer immer die Gestaltung übernimmt: Jede Zeitung braucht

eine *Gestaltungslinie.* Manche mögen es trendy oder turbo schräg, andere bevorzugen eine futuristische oder avantgardistische Gestaltung. Eine biedere Minderheit bevorzugt das Layout der *Bäckerblume.* Ich empfehle, nicht in eine falsche Konkurrenz zu treten. Machen Sie nicht den *Max* oder wie immer die »Zeitgeist«-Magazine heißen mögen, in denen Werbung und redaktioneller Teil fließend ineinander übergehen. Das Layout einer Zeitung muß einen Bezug zu den Inhalten und Zielen Ihrer Arbeit haben. Es ist nicht *trendy* oder *schräg,* sich für die Interessen von Minderheiten oder der Menschen in der »Dritten Welt« einzusetzen. Knüpfen Sie an die Sehgewohnheiten Ihrer Zielgruppen an, und irritieren Sie deren Erwartungen in Maßen. Überzeugen Sie durch Inhalte und eine seriöse, aber nicht langweilige Gestaltung. Sieben Hinweise steuere ich dazu bei:

1. Überzeugend eröffnen

Die Titelseite ist das Schaufenster jeder Zeitung. »Wer hier nur Ladenhüter ausstellt oder seine Ware unvorteilhaft plaziert, darf sich nicht wundern, wenn niemand in den Innenteil kommt.«[17] Auf der ersten Seite muß der wichtigste Beitrag stehen, der »Aufmacher«. Ein Blickfang, zum Beispiel ein interessantes Foto, unterstützt den Aufmacher. Ist der Eröffnungsbeitrag länger, wird er auf der Seite 2 oder 3 fortgesetzt, damit auf der Titelseite noch Platz bleibt für einen oder zwei kurze Artikel und eine Übersicht über weitere interessante Beiträge.

2. Doppelseiten gestalten

Wer eine Zeitung aufschlägt, hat zwei Seiten im Blick. Was als Einheit wahrgenommen wird, sollten Sie auch als Einheit ge-

---

17 Herbert Benz, Jürgen Prott, Christian Saller: Arbeitsbuch Betriebszeitungen. Köln 1994, S. 83.

stalten: Doppelseiten. Die rechte Seite wird gewöhnlich mehr beachtet. Versuchen Sie deshalb, mit einem Blickfang auf der linken Seite die Aufmerksamkeit der Leserinnen und Leser zu lenken. Mit einem optischen »Stopper« in der linken Spalte der linken Seite und der rechten Spalte der rechten Seite kann der Blick auf der Doppelseite gehalten werden. Den gleichen Effekt erreichen Sie, wenn Sie ein Bild in der Mitte einer Doppelseite plazieren.

3. Jede Seite braucht Profil
Text, Bildelemente und Gestaltung sollten ein zusammenhängendes Ganzes bilden. Bei der Gestaltung einer Seite können mit Karikaturen aus »Schnippelbüchern«, mit Sternchen, Pfeilen oder anderen Dekorationselementen zwar Lücken gefüllt, aber keine Gestaltungsprobleme gelöst werden. Füllelemente lockern nicht auf, sondern ruinieren das Gesicht einer Seite. Wenn noch zwanzig Zeilen auf einer Seite frei sind, ist zunächst die Redaktion gefragt: Kann zum Beispiel eine Kurzmeldung den Hauptbeitrag abrunden? Findet sich keine sinnvolle Ergänzung des Themas, gibt es mindestens folgende Möglichkeiten:
• das Foto oder die Grafik wird vergrößert,
• ein origineller Satz aus dem Hauptbeitrag der Seite wird als Zitat herausgestellt,
• die Seite wird großzügiger gestaltet: Freier Raum ist keine Verschwendung, sondern eine Wohltat fürs Auge.

4. Bleiwüsten vermeiden
Zeitungen sollten Lust zum Lesen machen und das Auge erfreuen. Bleiwüsten bewirken das Gegenteil. Sie müssen nicht jeden Zentimeter mit Text füllen. Lassen Sie »Luft«. Vermeiden Sie lange »Riemen«. Zwei Artikel, die unterschiedliche Aspekte eines Themas beleuchten, sind besser als ein sehr langer Beitrag. Machen Sie durch Grafiken, Schaubilder usw. kompli-

zierte Sachverhalte verständlich und langatmige Ausführungen überflüssig. Planen Sie Kurzmeldungen ein; sie sind das Salz in der redaktionellen Suppe. Gestaltung ist nicht nur Verpackung, sondern soll Leserinnen und Leser orientieren und zum Lesen anregen – nicht abschrecken.

Ein zu geringer »Zeilendurchschuß« führt zu Bleiwüsten. Und je breiter eine Zeile ist, desto mehr erschweren geringe Abstände zwischen den Zeilen das Lesen.

Die Zumutung für die Leserinnen und Leser läßt sich noch steigern: Sie brauchen nur eine kleine Schrift mit einem geringen Zeilenabstand zu kombinieren – und Sie können sicher sein, daß die Zeitung sehr schnell weggelegt wird.

Und hier der Text noch einmal in einer schmalen Schrift gleicher Größe:
Die Zumutung für die Leserinnen und Leser läßt sich noch steigern: Sie brauchen nur eine kleine Schrift mit einem geringen Zeilenabstand zu kombinieren – und Sie können sicher sein, daß die Zeitung sehr schnell weggelegt wird.

Tageszeitungen verwenden Schriftgrößen zwischen 8 und 10 Punkt. Eine kleine Schrift wirkt nicht notwendig abschreckend, wenn genügend »Luft« zwischen den Zeilen ist – wie bei diesen drei Zeilen.

5. Keine Rätsel aufgeben

Der eine oder andere Beitrag kann eine »harte Nuß« sein, weil der Autor eine komplizierte Frage behandelt. Die Gestaltung sollte den Leserinnen und Lesern keine Schwierigkeiten bereiten: Erschweren Sie nicht den Lesefluß durch zwei oder gar drei Fortsetzungen, und verschachteln Sie die Artikel nicht. Ein klarer Textverlauf ist das A und O einer gelungenen Gestaltung.

6. Fotos richtig einsetzen

Auf jede Seite gehört mindestens ein Bild. Ein großes Foto ist besser als drei kleine. Achten Sie darauf, daß Personenfotos nicht wie Fahndungsbilder aussehen (mehr über Fotos auf der Seite 148). Bild und Bildunterschrift gehören zusammen. Verstecken Sie die Bildunterschrift nicht; sie gehört direkt unter oder neben das Bild.

233

Das Bild *zum Artikel* veranschaulicht oder ergänzt den Text. In der Unterschrift können Fragen gestellt oder eine markante Passage aus dem Beitrag zitiert werden. Bei der Bild*nachricht* stehen Foto und Bildunterschrift für sich. Der Text ist eine kurze Nachricht, in der die wichtigsten W-Fragen beantwortet werden. Das *illustrative* Bild hat einen eigenständigen Gestaltungswert. Es läßt alle Freiheiten bis auf eine: Bild- und Textniveau müssen übereinstimmen.

7. Farbe, Papier und Schrift richtig wählen

Leisten Sie sich eine Zusatzfarbe und gutes Papier. Mit einer zweiten Farbe haben Sie mehr Gestaltungsmöglichkeiten. Geben Sie aber keine buntes Blatt heraus. Verwenden Sie eine zweite Farbe zum Beispiel für Überschriften, für den Rubrikentitel oder um Zusatzinformationen in einem Kasten farbig zu unterlegen. Farbe setzt, sparsam genutzt, Akzente und sorgt für Aufmerksamkeit. Für die Titelseite ist Farbe ein Muß.

Beim Papier »darf's ein paar Gramm mehr sein«[18], damit die Leserinnen und Leser etwas in der Hand haben und Fotos nicht auf die nächste Seite »durchschlagen«: beim Zeitungsdruck 50–54 Gramm aufgebessertes Zeitungspapier, ansonsten 80g-Papier. Entscheiden Sie sich für ein *helles* Umweltschutzpapier, das diesen Namen verdient.[19]

Die Wahl einer Schrift ist Geschmacksache. Manche gelten als moderner als andere. Die »richtige« Schrift gibt es nicht. Für eine Zeitung sollte eine »nüchterne« Schrift ohne Schnörkel

---

18 Die Angabe »Gramm« bezieht sich bei Papier auf das Gewicht eines Blattes pro Quadratmeter.

19 *Chlorfrei gebleichtes* Papier ist neues Papier, dessen Produktion – bis auf die Bleiche – die Umwelt in gleichem Maße belastet wie die Herstellung von herkömmlichem Papier. *Weißes* Recyclingpapier wird zu 100 % aus Altpapier hergestellt; die Oberflächenbehandlung des Papiers verbraucht allerdings sehr viel Wasser.

gewählt und nicht mehr als zwei Schriften verwandt werden (eine für die Überschriften und den Vorspann, eine für den Text). Wenn beständig etwas *kursiv*, **fett** oder in GROSS-BUCHSTABEN hervorgehoben wird, ergibt das keine Abwechslung, sondern ein »Kraut und Rüben-Schriftbild«.

Auch die Entscheidung für Block- oder Flattersatz ist Geschmacksache. Entscheiden Sie selbst, ob Flattersatz »luftig« oder »unruhig« ist. In jedem Fall ist er für eine Zeitung ungewöhnlich.

Beim *Blocksatz* schließt der Text – wie in diesem Buch – rechts bündig ab. Diese vier Zeilen sind in einer *serifenlosen* Schrift gesetzt: Der Endstrich der einzelnen Buchstaben hat keine Querbalken (»Häkchen«).

Beim *Flattersatz* wird auf der rechten Seite kein Randausgleich vorgenommen. Der Text »flattert« – wie bei diesen drei Zeilen, die in einer Serifenschrift gesetzt sind.

Planung & Endredaktion

Sie können eine Zeitung konzipieren wie Sie Domino spielen: eine Seite an die nächste reihen. Und Sie können wie beim Bau eines Hauses vorgehen: nach Plan. Die zweite Variante hat zwei Vorteile:

1. Die Zeitung erhält eine Struktur;
2. Sie haben für die Planung eine Orientierung und müssen nicht mit jeder Ausgabe ganz von vorne anfangen.

Eine sinnvolle Planungsgrundlage sind Rubriken. Ein Beispiel: Im *Spiegel* werden die Beiträge folgenden Rubriken zugeordnet: Deutschland, Gesellschaft, Wirtschaft, Ausland, Sport, Kultur, Wissenschaft, Technik; hinzukommen die Titelgeschichte (und unregelmäßig: Serie und Debatte) sowie kleine Rubriken (Briefe, Personalien usw.).

Vereinszeitungen, die eine Nummer kleiner sind als »Das« – so der bescheidene *Spiegel*-Untertitel – »deutsche Nachrichtenmagazin«, benötigen weniger und andere Rubriken[20]. Wichtig ist, daß die Rubriken so eng wie nötig und so weit wie möglich gefaßt werden: eng, um eine orientierende Funktion zu erfüllen, weit, um Vielfalt zu ermöglichen.

Rubriken strukturieren eine Zeitung. Für Abwechslung sorgen unterschiedliche journalistische Darstellungsformen: Streitgespräch, Kommentar, Glosse, Interview, Portrait usw. Bei der Planung einer Ausgabe ist auf einen Wechsel der Formen zu achten: Bietet sich für Thema ABC ein Interview oder eine Reportage an? Soll das Thema XYZ kommentiert oder glossiert werden? Ist für den dritten Schwerpunkt ein Streitgespräch die richtige Form, um umfassend und interessant zu informieren?

Bei der Planung sollte stets an Fotos und anderes Bildmaterial gedacht werden, damit bei Redaktionsschluß nicht eine hektische Suche beginnt und in der Not auf langweilige Motive zurückgegriffen wird. Legen Sie ein Fotoarchiv an. Sie ersparen sich Streß in den Schlußphasen der Zeitungsproduktion und verbessern die Gestaltungsmöglichkeiten.

Ergebnis der Planung ist ein vorläufiger Seitenplan und eine Übersicht, wie lang die einzelnen Beiträge sein sollen. Der endgültige Seitenplan wird nach dem Redaktionsschluß erstellt, wenn (hoffentlich) alle Artikel vorliegen: Beiträge, Fotos (und Anzeigen) werden auf die zur Verfügung stehenden Seiten verteilt und für jede Seite ein Groblayout (»Scribble«) gemacht,

---

20 Einige Vorschläge für bescheidenere Rubriken-Titel, die keinen Bezug zu einem bestimmten Arbeitsschwerpunkt haben: Zur Zeit, Aus der Region, Politik, Kultur, Service, Termine, Namen und Nachrichten.

das den Verantwortlichen für die Gestaltung eine Orientierung
gibt.
Alle Texte müssen redigiert und den Standards der Zeitung
angepaßt werden. Sie müssen mit
• einer interessanten Überschrift angemessener Größe,
• einem Vorspann,
• Zwischenüberschriften und
• Angaben zu den Autorinnen und Autoren
versehen und eventuell gekürzt werden.

Überschrift[21]
Die Überschrift muß kurz und informativ, sie kann ironisch
oder ein Zitat sein. Vermeiden Sie reißerische und Allerwelts-
überschriften wie »Zeit zum Handeln«, »Erfolg erstritten«,
»Unsozialer Regierungsbeschluß«.
Sie können über die Überschrift eine »Dachzeile« oder darunter
eine Unterzeile stellen:

Vereine protestieren gegen Magistratsbeschluß:
Stadt will Kinderschutz-Zentrum schließen

Stadt will Kinderschutz-Zentrum schließen
Vereine wehren sich: Demonstration geplant

Die Größe einer Überschrift richtet sich nach der Bedeutung
und der Länge eines Beitrags. Wichtige und längere Beiträge
werden mit einer größeren Überschrift versehen als kleine
Beiträge. Entscheidend ist, daß die Überschrift und der Text in
einem ausgewogenen Verhältnis zueinander stehen.
Die Überschrift muß nicht immer über einem Artikel stehen.
Sie kann zum Beispiel mitten im Text plaziert werden oder in

21 Zur Überschrift siehe auch Seite 99 ff., 205 f. und S. 218.

der linken bzw. rechten Spalte. Drei von zahlreichen Möglichkeiten zeige ich auf der Seite 240. Die Plazierung von Überschriften ist Geschmacksache. Stimmen muß das Verhältnis von Abwechslung und Übersichtlichkeit.

Vorspann
Längere Texte sollten mit einem kurzen Vorspann beginnen, in dem die wichtigsten Informationen zusammengefaßt werden. Der Vorspann, im Metier »Lead« genannt, wird halbfett oder durch eine andere Farbe hervorgehoben. Ein Textbeispiel: »Bürgermeister Karl Einschnitt hat angekündigt, die Zuschüsse für das Kinderschutz-Zentrum ab Oktober zu streichen. Zehn Vereine wollen das am 1. Juni angekündigte Ende für diese Einrichtung nicht hinnehmen. Mit einer Demonstration wollen sie eine Protestwoche einleiten.«

Zwischenüberschriften
Machen Sie längere Texte durch Zwischenüberschriften übersichtlich. Zwischenüberschriften sind Oasen fürs Auge. Ohne sie werden Texte oft zur Bleiwüste.

Autorinnen- und Autorenangaben
Die Leserinnen und Leser interessiert, wer die Autorin bzw. der Autor ist. Machen Sie deshalb am Ende eines Beitrages eine Angabe zur Person: »Die Autorin ist Geschäftsführerin von *Frauen helfen Frauen e. V.*« – »Jutta Janzen ist Geschäftsführerin von *Frauen helfen Frauen e. V.*«. Solche Hinweise sorgen für Transparenz; sie nehmen der Zeitung die Anonymität.

Anzeigen

Mit Anzeigen können Sie die Kosten für Ihre Zeitung senken. Allerdings sollten Aufwand und Ertrag in einem vernünftigen Verhältnis stehen: Die Anzeigenakquise ist ein mühsames Ge-

schäft. Voraussetzungen für die Gewinnung von Anzeigen-
kunden sind:
- ein regelmäßiges Erscheinen in gleicher (oder steigender)
  Auflage und
- eine Anzeigenpreisliste, die alle notwendigen Daten enthält
  (vgl. S. 204).

Bei der Entscheidung für Anzeigen sollten Sie darauf achten,
daß häßliche Anzeigen die beste Gestaltung ruinieren können.
Nehmen Sie deshalb nur professionell gestaltete Vorlagen. Bieten Sie Kunden, die sich das nicht leisten können, eine Klein-
anzeigen-Rubrik an.

Ein Titel muß auffallen, er sollte unverwechselbar sein und sich leicht einprägen. Allerweltstitel sind kein Erkennungssignal. Namen wie *Bote, Blickpunkt, Spektrum, Einblick* (besserwisserisch: *Durchblick*) usw. wecken keine Aufmerksamkeit. Sie sind trocken und haben zudem keinen Bezug zur Arbeit des Vereins, der die Zeitung herausgibt.

Bei der Wahl eines Titels muß auch an die Gestaltung gedacht werden. Lange Titel sind schwerer grafisch umzusetzen als kurze.

Der Titel – Name und Schriftzug – ist eindrucksbildend. Er muß sich von anderen Publikationen abheben. Lassen Sie ihn deshalb von einer Grafikerin oder einem Grafiker gestalten – vor allem dann, wenn der Name um ein grafisches Element ergänzt werden soll.

Titel der Zeitung

Im Untertitel sollte stehen, wer die Zeitung herausgibt. Das gibt mehr Freiheit für die Wahl des Titels: Der Vereinsname muß nicht mehr auftauchen. Das Erscheinungsdatum und/oder die Nummer der Ausgabe sollten nicht fehlen.

Fotos

Woher nehmen – und nicht stehlen?

Ein Bild ist ein Blickfang, Fotos »ziehen« in den Text; sie sind für eine Zeitung unverzichtbar. Woher bekommen Sie interessante Fotos? Nicht von Hobbyfotografinnen und Amateurfotografen, sondern von Profis.

Und wie kommen Sie an die Adressen von Profis? Schauen Sie in das *Bildquellen-Handbuch* der Bildagenturen und Bildarchive, die im Bundesverband der Pressebild-Agenturen und Bildarchive e. V. (BVPA) zusammengeschlossen sind: BVPA, Mommsenstraße 21,

10629 Berlin, Tel.: (030) 3249917, Fax: 3247001. Für Fotos müssen Sie – ebenso wie für Karikaturen, Grafiken usw. – ein Honorar bezahlen. Und das sollten Sie auch tun. Verletzen Sie nicht das Urheberrecht. Nichts spricht dagegen, einen günstigen Preis auszuhandeln, wenn Ihr Verein knapp bei Kasse ist.

Geben Sie stets die Quelle – Fotograf und Agentur – an. Das können Sie direkt unter bzw. neben dem Bild machen oder im Impressum.

Die wichtige Kleinigkeit: Das Impressum

In den Landespressegesetzen ist vorgeschrieben, daß Druckerzeugnisse ein Impressum haben müssen. Von dieser Regel sind Preislisten, Eintrittskarten, Formblätter, Gebrauchsanweisungen und ähnliches ausgenommen. Zeitungen, Flugblätter oder Plakate müssen mindestens folgende Angaben enthalten:

Den Namen und die Anschrift des Herausgebers, den Namen der bzw. des presserechtlichen Verantwortlichen (abgekürzt: v.i.S.d.P.) und die Druckerei. Für Zeitungen ist ein ausführlicheres Impressum mit folgenden Angaben üblich: Titel, Untertitel, Herausgeber, die Namen der Redaktionsmitglieder und der bzw. des v.i.S.d.P. Angegeben wird zudem, wer die Zeitung (und das Titelbild) gestaltet hat und die Druckerei. Werden Anzeigen aufgenommen, sollte der Hinweis nicht fehlen, wer dafür zuständig und welche Anzeigenpreisliste zur Zeit verbindlich ist.

Literatur

Viele Literaturverzeichnisse haben vor allem einen Zweck: zu zeigen, daß die Autorin oder der Autor viel gelesen hat. Hilfreich sind solche Literaturangaben meist nicht, denn sie schüchtern ein statt zu orientieren.

Ich habe viel gelesen und kann daher einige Bücher empfehlen, die nützlich sind für den Alltag der Presse- und Öffentlichkeitsarbeit von Vereinen oder Initiativen. Veröffentlichungen, in denen viel über den Sinn und Zweck von PR philosophiert wird, habe ich ebensowenig berücksichtigt wie die Ratgeber, in denen suggeriert wird, alle Probleme ließen sich mit »Checklisten« lösen.

Schreiben für Presse- und Öffentlichkeitsarbeit

Der Duden.
    Band 1: Rechtschreibung
    Band 2: Stilwörterbuch
    Band 4: Grammatik
    Band 5: Fremdwörterbuch
    Band 8: Sinn- und sachverwandte Wörter
    Mannheim, Wien, Zürich: Dudenverlag.
Franck, Norbert: Schreiben wie ein Profi. Köln: Bund-Verlag. 2. Aufl. 1995.
Glunk, Fritz R.: Schreib-Art. Ein Stilkunde. München: Deutscher Taschenbuch Verlag 1994.
Weischenberg, Siegfried: Nachrichtenschreiben. Journalistische Praxis zum Studium und Selbststudium. Opladen: Westdeutscher Verlag 1988.

Umgang mit Medien

Hanemann, Peter: Kultur in die Öffentlichkeit! Ein Handbuch zur kulturellen Presse- und Öffentlichkeitsarbeit. Essen: Klartext Verlag 1991.

Mast Claudia (Hrsg.): ABC des Journalismus. Ein Leitfaden für die Redaktionsarbeit. Konstanz: Ölschläger Verlag. 7. Aufl. 1994.

Zimpel, Dieter (Hrsg.): Zimpel. Redaktions-Nachschlagewerke.

  Zimpel 1: Zeitungen
  Zimpel 2: Zeitschriften
  Zimpel 3: Funk und Fernsehen
  Zimpel 4: Fachzeitschriften
  München: Verlag Dieter Zimpel.
  (Die Loseblatt-Sammlung wird laufend aktualisiert.)

Mittel und Medien der Öffentlichkeitsarbeit

Grözinger, Klaus: Gestaltung von Plakaten. München: Bruckmann 1994.

Hooffacker, Gabriele; Lokk, Peter: Wir machen Zeitung. Ein Handbuch für den Journalismus zum Selbermachen. Göttingen: Steidl Verlag 1993.

STAMM. Presse- und Medienhandbuch. Leitfaden durch Presse und Werbung. Essen: Stamm Verlag (erscheint jährlich neu).

Wolf, Klaus-Peter: Öffentlichkeitsarbeit. Handbuch für Betrieb und Gewerkschaft. Köln: Bund-Verlag 1994.

Sachregister

245